KB070849

인문학으로 마케팅 지혜를 찾아가는 여행

문학 그리고 스토리가 있는 마케팅여행

정봉기

서문

 제 분수를 모르고 서투른 문장에 검증되지도 않은 글을 남 앞에 내놓는데 한없는 부끄러움과 부족함을 느낍니다.

 단지 현장에서 30여 년간 얻은 경험, 들은 지식 그리고 정독한 수백 권의 책에서 습득한 마케팅 지식과 인문학 지혜를 스토리 위주로 엮어 재미있게 읽도록 노력했을 뿐입니다. 이 책은 문학과 역사에 관한 다양한 이야기를 많이 하고 있습니다. 그 이유는 이를 통해서 인문학 지혜를 얻고 인문학 지혜를 근간으로 창의적이고 효과적인 마케팅 아이디어를 구하는 방법을 얻고자 함입니다. 사실 마케팅은 우리가 살면서 매일 겪는 삶의 이야기입니다. 마케팅 이론이란 시장 현상에 기초한 것들입니다.

 아무리 우수한 이론이나 방법론 일지라도 시장과 고객이 급변하고 세계 환경이 요동치기 때문에 영원한 것은 없습니다. 그렇기 때문에 고객과 시장에 기반을 둔 창의적 아이디어가 더 요구되는 것입니다. 마케팅 창의적 아이디어는 현장에 뒤섞여 인문학 지혜로 미래를 바라볼 때 창출될 수 있습니다.

 전개되는 내용이 논리와 사리에 맞지 않고 견해에 따라 터무니없을 수도 있습니다. 그것은 제 경험과 지식이 미천한 결과임에 틀림없습니다. 또한 많은 선배 저자와 마케터들의 생각을 투영하고 있습니다. 혹시 그분들의 사고와 견해가 잘못 투영된 점이 있다면 그것은 전적으로 필자의 무지에서 비롯된 것임을 밝힙니다.

글을 쓰면서 배움이 부족함을 무수히 느꼈고 능력이 없음을 한탄하였습니다. 저의 한계를 알았기에 더 많이 배우고자 결심하고 노력하였습니다. 부족함을 알았기에 한없이 부끄러워해야 하고 겸손해야 한다는 것을 깨달았습니다. 능력과 지식 지혜의 부족을 저의 열정과 노력으로 메우려고 노력했습니다. 부실한 이 책은 단지 저의 열망과 의욕의 산물임을 너그럽게 보아주시길 바랍니다. 더 발로 뛰고 가슴으로 느끼며 지혜로움을 갈고닦아 알찬 내용으로 다듬어 나가겠습니다.

더 공부하고 싶었어도 여건이 허락지 않아 직장 생활을 시작한지 30여 년이 흘러갔습니다. 처자를 먹여 살려야 한다는 의무감에서 벗어나 읽고 싶은 책 읽고 쓰고 싶은 글 쓰는 요즘 행복합니다. 도서실에서 책 읽다가 늦은 밤 귀가하며..

붙임
아내 경희의 도움과 워드 작업을 도와준 아들 회민에게 고마운 마음을 전합니다.

제 1 장.   인문학으로 마케팅을 이야기하다   12

제 1 장

인문학으로 마케팅을
이야기하다

**인문학
마케팅**

창조 마케팅

불안감과 불확실성에서 늘 깨어있어야 한다. 몰입하지 않고는 성공할 수 없는 것이 오늘날의 현실이다. 결국 삶에는 공짜가 없다. 그저 그냥 저절로 되는 것은 없다.

미래산업 정문술 회장이 아침 이른 시간에 현대자동차 직원들 앞에서 강연한 적이 있었다. 강연 도중 한두 명의 조는 모습이 정문술 회장의 눈에 띄었었나 보다. 대부분의 경우 외부인사가 와서 강연하는 도중 흔히 일어나는 일이었다. 그러나 정 회장은 달랐다. 정색을 하고 조는 사람을 질책하기 시작했다. 그런 정신으로 내 강의를 듣는 것은 나에게도 슬픈 일이지만 당신에게도 손해라는 것이었다. 그런 흐트러진 자세로 이 회사에 다니는 것 자체가 당신이 다니는 회사에도 손해요, 이 사회에도 손해라는 것이다. 기업의 하루하루는 소리 없는 전쟁이 벌어지는 전장인데 목숨을 걸고 사수해야할 직원이 이른 아침시간부터 조는 것 자체가 당신뿐만 아니라 회사, 이 사회의 운명 자체도 위태롭게 한다는 것이었다. 우리 모두는 긴장해서 끝까지 그의 강의를 들었던 기억이 있다. 그는 목숨을 걸고 회사를 성장시켰다고 했다. 목숨을 걸고 나면 어떤 상황에서도 낙담할 일이 없어지고 무서운 추진력이 생긴다 했다. 그의 눈빛은 빛났다.

한순간 생각을 바꾸면 새로운 창조가 일어난다. 넬슨 만델라 그는 27년간이나 옥살이를 했다. 원망과 증오가 하늘을 찌를 텐데 그는 대범하게 이렇게 털어버렸다. "그들은 나를 27년간이나 감옥에 가뒀다. 내가 그들을 증오한다면 나는 계속 감옥에 있는 것이다. 나는 자유롭고 싶었다. 그래서 그들을 용서했다." 28년간 새벽부터 열심히 때로는 일요일도 없이 일했다. 그러나 그들은 나를 버렸다. 내가 계속 거기에 미련을 둔다면 그들에 대한 감사보다 증오가 나를 괴롭힐 것이다. 나는 자유롭고 싶었다. 보다 더 멀리 더 높게 날고 싶었다. 주관 있는 자아를 찾고 싶어서 미련을 털어버렸다.

마케팅은 마케팅을 전문으로 하는 학자나 연구원만의 몫은 아니라고 생각했다. 나는 현장과 고객에게 가까이 가본 경험으로도 마케팅 전문가가 될 수 있다고 생각했다. 고객 마음에 가까이 다가갈 수 있는 길을 찾아가는 것이다. 그들과 함께 눈높이를 맞추고 생각과 느낌을 공유하며 카타르시스가 일어날 때 나는 나의 마케팅 아이디어를 찾을 수 있을 것이다. 거기서 창조적인 마케팅이 탄생한다.

죽음과 자아실현

인도 시성 타고르는 그의 시집 기탄잘리(신께 바치는 노래)에서 죽음에 대해서 다음과 같이 노래했다.

"죽음의 문을 두드리는 날, 나는 내 모든 가을날과 여름날의 향기로운 열매를 모든 수고와 이삭들을 바치겠습니다. 결코 빈손으로 보내지 않겠습니다. 나의 삶의 완성이신 주군이여! 당신으로 인하여 고통과 즐거움을 견디고 있습니다. 그대의 눈길이 스칠 때 나의 삶은 영원히 그대의 것입니다." 타고르는 죽음의 신을 빈손으로 돌려보내지 않고 생전에 이룩한 업적을 그에게 바치겠다고 노래하고 있다. 인생이라는 여행에서 지나간 시간은 결코 돌아오지 않는다. 끊임없이 바닷속으로 흘러가는 강물은 다시 강물이 될 수 없다. 마실 수 없는 염기 있는 바닷물일 뿐이다. 우리는 무수히 자기 자신을 뒤돌아본다. 내가 태어난 이유를 물으며 그 이유를 죽을 때까지 찾지만 대부분 그 이유를 죽을 때까지 찾지 못한 채 생을 마감한다. 자신의 진정한 모습을 찾으려 하고, 삶의 목적이 무엇인지 고민한다. 공동묘지에 가면 이름 모를 무수히 많은 무덤들이 있다. 그들은 이렇게 말한다. 오늘 내가 여기 묻혀 있지만 내일엔 너도 여기 묻힐 것이라고…. 우리는 타고르 시에서 자아를 찾아야 할 것이다. 죽음의 순간을 생각하며 묻고 또 물으면 우리 삶의 목적이 무엇인지 어슴푸레 느껴질 것이다.

헬렌 켈러는 '맹인으로 태어난 것보다 더 불행한 것이 무엇이냐?'는 물음에 그것은 시력은 있으되 꿈과 비전이 없는 사람이라 하였다. 돈과 명예가 성공일 수 있을까? 죽음의 신이 가져갈는지 의문이다. 마리안 윌리암슨은 "우리의 가장 깊은 두려움"이라는 시에서 "파랑새는 현재 하고 있는 일에 있다." 라고 하였다. 자주 우리는 다른 기회가 주어진다면 꽉 움켜쥐고 멋진 인생을 펼쳐 보일 것이라고 생각한다. 허황된 꿈만 꾸다가 결국 귀환불능점에 빠져버린다. 흔히 살면서 세 번의 기회가 온다고 한다. 세 번의 기회 중 마지막 기회가 이 순간, 이 자리, 이 일이란 사실을 꼭 기억하라. 과거에도 찾았고 앞으로도 찾길 바라는 파랑새는 먼 곳에 있지 않다. 현실을 냉혹하게 직시하고, 현재하고 있는 일에서 파랑새를 찾아라. 더 원대한 꿈과 비전은 내 앞의 파랑새를 찾고 난 후, 모든 상황을 대비하고 실현가능성을 꼼꼼히 따져본 후 더 큰 열정으로 다가가면 된다.

전혜린 시인은 "진정한 세계는 가족의 세계, 남편과 아내와 자녀들이라고 말했다." 누군가는 "바르게 보기 위해선 두 번 보고 아름답게 보기 위해선 한 번 보라 했다." 자기 자신을 너무 혹사시키지는 말아야 한다. 간절함도 필요하지만 즐기면서 최고가 된 사람도 많이 있다. 인생이란 길지도 않을뿐더러 재생도 안 된다.

헤르만 헤세는 "슬퍼하지 마라. 곧 밤이 되리니 우리는 손에 손잡고 쉬게 되리라." 이렇게 노래했다.

스토리텔링 마케팅

　현대자동차에서는 APEC정상회의, G20서울정상회의 때 각국 정상들을 위한 의전차를 제공했다. 일단 출고가 된 차량이여서 일반 고객에게 판매를 해야 할 경우에는 많은 금액을 할인해야만 판매가 가능하다. 특별 판매하는 최고급 차량은 각국 정상들이 사용했던 차량과 경호, 의전용으로 제공됐던 차량들이었다. 그러나 이들 차량에 미합중국 대통령 부시가 탔던 에쿠스, 중국 국가 주석 후진타오가 탔던 차량이라는 스토리와 인증서를 붙이자 오히려 해당 차량을 구매하려는 고객들이 넘쳐나 추첨을 해야만 했다. 마찬가지로 영국 엘리자베스 여왕이 국내를 방문했을 때 체어맨을 탔다. 이 체어맨은 여왕이 탔던 차라는 이유로 국내에서 톡톡히 대접을 받았다.

　1999년 코펜하겐 공항에서 그린랜드의 빙원을 사들여 각 얼음으로 만들어 VIP라운지와 일등석 고객에게 제공했다. 그 얼음에 담긴 이야기 한 구절을 쓴 카드와 함께. ‐ 이 얼음에는 피라미드가 만들어지기 훨씬 이전의 공기 즉 태고적 숨결이 담겨있습니다. 얼음의 가치는 미미하다. 그러나 태고의 가치를 간직하고 있다는 이야기가 담기니 얼음은 보석 같은 존재가 되어간다.

영국 이노센트의 설립 이야기는 실화이지만 픽션이 아닌가 싶을 정도로 재미가 있다.

모두가 세계적인 광고회사와 컨설팅 회사에 근무하던 대학시절 친구들인 리차드, 아담, 존은 어느 날 자신들의 생활이 건강과 여유로움과는 거리가 먼 일과 스트레스의 연속이라는 사실을 깨달았다. 매일 시간에 쫓겨 제대로 된 식사는 일주일에 한번 할까 말까 했으며 가족들과 함께 간 여행의 기억은 까마득했다. 학창시절부터 언젠가 같이 사업해 보자고 얘기해오던 그들은 자신과 같은 삶을 사는 현대인들을 위한 무언가 자연적이며 신선하고 몸에 좋은 제품을 사업아이템으로 하기로 정하였고, 그 중에서도 기존의 음료와 달리 향신료와 방부제를 사용하지 않은 순수 과일 음료를 개발하기로 하였다. 여러 시행착오 끝에 1998년 여름 드디어 이들은 신선한 과일로만 만들어진 스무디 만드는 법을 개발해내었다. 하지만 잘 나가는 직업을 포기하고 새 사업을 시작하기엔 두려움이 있었다. 이들은 소비자 반응을 우선 살펴보기로 한다. 500파운드의 과일을 사들이고 런던의 소규모 음악 축제가 열리는 곳의 한켠에 가판대를 만들고 스무디를 팔았다. 가판대 앞에는 "저희가 다니던 직장을 사표내고 스무디 사업을 해도 좋을 만큼 맛이 있습니까?"라는 현수막을 걸어놓고 한통에는 YES, 다른 통에는 NO 라고 붙여놓고는 다 마신 병을 원하는 곳에 넣도록 했다. 어느 순간 YES라고 쓰인 통은 꽉 차게 되었다. 그들은 바로 다니던 회사에 사표를 내고 사업을 시작했다. 이러한 스토리텔링 기법은 회사 웹사이트, 브로셔뿐만 아니라 각각의 제품 패키지들에서 일관되게 쓰이고 있다. 유통기한을 표기할 때도 며칠까지 즐기세요라는 표현을 썼다. 용기 뒷면에 적힌 짧은 메모 형식은 그 글들을 읽다 보면 이노센트사의 직원들이 얼마나 언어가 가지는 파워를 인식하고 있는지 알 수 있다. 더군다나 이런 용기 뒷면의 글들이 매번 바뀌는 것을 알게 된 후부터는 더욱 이노센트 스무디의 매력에 빠져들지 않을 수 없다.

생수 에비앙도 멋진 스토리를 가지고 있다. 신장 결석을 앓던 한 프랑스 귀족이 에비앙이라는 알프스의 작은 마을의 지하수를 마시고 신장 결석을 치료했다. 몸에 좋은 신비로운 약수 이미지를 구축하여 에비앙은 많은 고객들로부터 사랑을 받는다.

분식 브랜드 아딸은 어떤 이야기를 갖고 있을까.

아버지가 만든 튀김, 새우튀김 – 아빠 캐릭터
딸이 만든 떡볶이, 떡볶이 – 딸 캐릭터

등을 활용하면서 사회적 이슈나 이벤트에 맞춰 일러스트로 스토리텔링 마케팅을 전개한다.

멋진 또 하나의 스토리텔링은 MALBORO 담배이다.

MALBORO
– MAN ALWAYS REMEMBER LOVE BECAUSE OF ROMANCE OVER

사랑에 빠진 두 남녀는 집안의 반대로 결국 여자는 다른 남자와 결혼을 앞두게 된다. 남자는 여자에게 담배 한 개비를 피울 동안만 옆에 있어달라는 부탁을 하였다. 그 당시 담배는 필터가 없어 금방 타

버렸다. 그 짧은 순간이 너무나 소중했고 안타까웠던 남자는 세계 최초로 필터가 적용되어 타들어가는 담배를 개발하게 되었고 큰 성공을 거두게 된다. 반면에 다른 남자와 결혼을 한 여자는 남편을 일찍 여의고 빈민가에서 홀로 힘들게 살아가고 있었는데 뒤늦게 소식을 접한 남자가 여자를 찾아갔다. 두 사람은 오랜만에 재회하게 되었다. 남자는 다음날 또 찾아오겠노라고 얘기했다. 다음날에 남자가 여자를 찾아갔을 때 남자는 싸늘한 시신의 여자를 발견한다. MALBORO는 MAN ALWAYS REMEMBER LOVE BECAUSE OF ROMANCE OVER의 첫 글자를 따서 이름을 지은 것이다.

현장 마케팅

학교에서 배운 마케팅 지식은 분석과 이론일 뿐 변화무쌍한 현장에서 시장상황에 대응하여 유용한 안을 내놓기에는 한계가 있다. 현대자동차 베테랑들이 모여 매년 익년 사업계획을 수립하는 데에도 바로 코 앞 1월이 지나면 계획과 시장이 어긋나는 일이 허다하다. 마치 시장은 세 살배기 어린아이 걸음마 같이 종잡을 수 없다. 마케팅 책에 씌어 있는 이론대로, 분석한대로 시장은 움직여 주지 않는다. 고객의 요구가 제품을 앞서 가기도 한다. 기존의 마케팅이 적재적소의 제품, 가격, 광고, 영업 등의 판매행위가 중심이었다면 이제는 장소와 시간에 얽매이지 않는 사람의 욕구를 자극하는 모든 행동으로 그 의미가 변해지고 있다. 마케팅은 고객의 마음을 움직이는 기술이기 때문에 이 기술을 잘 알 수 있다면 인생에서 강력한 장점 하나를 획득하는 것이다. 훌륭한 마케팅이란 고객이 나의 진심에 대해 이해하고 공감하며 내가 제안한 방법과 내가 권한 상품 및 서비스에 만족하고 궁극적으로 행복해하는 것이다. 우리는 이제 고객에 대해 관심과 의미를 가질 것이며 마케팅은 고객과 내가 어떻게 행복해 질 수 있는지에 초점을 맞춘다. 단순히 판매증대를 위한 도구로 설명하기보다는 어떻게 우리의 진실에 접근할 수 있는지 우리의 인간관계에 적응할 수 있는지 이야기한다.

김춘수의 "꽃"이란 시다.

내가 그의 이름을 불러주기 전에는 그는 다만 하나의 몸짓에 지나지 않았다.
내가 그의 이름을 불러주었을 때 그는 나에게로 와서 꽃이 되었다. 내가 그의 이름을 불러준 것처럼 나의 이 빛깔과 향기에 알맞은 누가 나의 이름을 불러다오.
그에게로 가서 나도 그의 꽃이 되고 싶다.
우리들은 모두 무엇이 되고 싶다.
너는 나에게 나는 너에게 잊혀지지 않는 하나의 눈짓이 되고 싶다.

30여 년간 현장에서 체험한 경험을 마케팅 이론과 접목하고 강력한 마케팅 도구를 찾고자 노력하였다.

현장과 이론의 괴리를 경험과 실사례에 비추어 해소하려 했다. 결론은 어떠한 어려움이 있더라도 고객은 물론 제품과 서비스에도 소홀히 하지 않고 미래의 꿈을 실현시키기 위해 철저하게 현장에 기반을 둔 마케팅을 하라는 것이다. 고객에게 오랫동안 마음속 깊이 기억될 수 있는 감동을 주는 마케팅이 있어야 한다. 삶에 밀착된 현장을 보지 못하고 정체성을 잃어버린 채 현실과 동떨어진 거대 담론만 쉰 된 소리로 반복하는 것을 경계해야 한다.

농무시인 신경림의 시 한 편이다.

우리시대의 새

훌쩍 날아올라 온 마을을 굽어본다. 산너머 강건너 이웃마을까지 내려다
본다. 더 높이 오르고 더 멀리 나니 바다가 보이고 이웃 나라가 보인다.
마침내 하늘 끝까지 날아오른다.
내려다보니 세상은 온통 검은 땅과 푸른 물뿐
그래서 새는 쇳된 소리로 노래한다.
세상은 온통 검은 땅 뿐이라고 세상은 온통 푸른 물 뿐이라고. 제가 나서
한때 자라기도 한, 더 어두운 골과 깊은 수렁
점점이 핀 고운 꽃들은 보지 못하는 높은 데로만 먼 데로만 날아오르는
우리시대의 새여.

과거 매스마케팅에서 소비자에 대한 개별 마케팅으로 축이 이
동된 지 오래다. 시장을 세분화하고 표적시장을 선정하여 적절
하게 제품을 포지셔닝 하는 것. 즉 STP-Marketing(시장세분
화-segmentation, 표적시장-Tarketing, 포지셔닝-Positioning)
이다.

STP전략과정으로 기업의 제품 및 서비스 포지셔닝이 완료되면 각
세그먼트에 적합한 4P를 제공해간다.

4P란 (제품-Product, 가격-Price, 유동경로-Place, 판
촉-Promotion) 마케팅의 4가지 주요 요소이다.

어떤 상품과 서비스를 합리적인 가격으로 효과적인 판촉 추진을
하여 구매가 이루어지도록 하는 마케팅의 핵심 요소이다. 기업을 운
영하면서 자사가 운영하고 있는 제품들이 시장에서 고객으로부터 어
떤 평가를 받고 시장점유율은 몇 프로인지 또 회사에 기여도는 어떠

한지를 분석하고 대책을 강구하기 위하여 여러 분석 방법들이 사용되고 있는데 대표적인 것은 다음과 같다.

SWOT분석

(S-Strength영역, W-Weakness영역, O-Opportunity영역, T-Threat영역) 주어진 상황을 분석하여 기회와 위협 요인들을 도출한다. 이렇게 도출된 기회와 위협을 자신의 강점을 통하여 활용하고 약점을 보완할 수 있도록 전략의 방향과 세부 전술을 수립하고 활용하는 분석방법이다.

즉 자사가 보유하고 있는 강점과 약점을 한눈에 보기 쉽게 도표화한 Swot Matrix를 바탕으로 시장에서 이기기 위한 마케팅전략을 도출하기 위한 것이다.

BCG MATRIX-보스턴 컨설팅 그룹에서 개발한 분석방법

(Cash cow, Star, Dog, Question의 영역으로 구분하여 도표화한 후 사업영역을 다음과 같이 분류한다)

- Cash cow: 기업의 수입 창출원으로 자금줄이다.
- Star: 성공 사업으로 투자가 필요한 사업이다.
- Question: Star사업이 되기도 하고 Dog사업으로 전락할 수도 있다.
- Dog: 성장성 수익성이 없어서 당장 철수해야 하는 사업이다.

기업은 이러한 마케팅 전략과 분석에 기반하여 다양한 마케팅을 펼치고 있다. 그리하여 출시한 제품이 시장에서 뿌리내려 꽃을 피우도록 애를 쓴다.

마케팅의 대부 필립 코틀러는 '고객은 이성뿐 아니라 감성과 영혼을 지닌 전인적인 존재로 인식했다.' 이성보다는 감성과 영혼이 갖는 힘이 커지면서 감성, 공감 마케팅이 활발해졌다. 감정, 공감, 정서에 기반한 다양한 감성마케팅들이 효과를 보고 있다.

관계마케팅

우리가 먼저 다른 사람에게 관심을 보이면 더 진실한 친구를 많이 만들 수 있다. 고객과의 관계가 제대로 되려면 접점에서 인상과 경험을 철저하게 관리해야 한다.

애경사 잘 챙기는 것, 취미 운동 등으로 유대 강화하는 것 등이 관계 마케팅의 한몫이다.

단순마케팅

단순화시켜라, 그러면 좋은 결과가 생긴다.

마케팅에서 특별하고 장황하게 만들어 낸 전략들이 알고 보면 다 거기서 거기요, 그 나물에 그 밥이다. 하늘 아래 새로운 것은 없다. 예를 들면 맛과 청결이 최고의 서비스라는 기본에 충실하라는 것이다. 과잉 브랜드, 과잉 홍보광고, 과잉 전략을 단순화하라. 어제 먹은 식은 떡을 오늘도 계속 주며 먹으라 하면 싫증 난다.

스티브 잡스는 모든 것을 단순화시키라Simplify everything고 강조했다.

체험 마케팅

현대자동차가 고객을 초대해서 제니시스와 벤츠, BMW를 시승하게 하여 비교시키는 것도 체험 마케팅의 일종이다.

브랜드 마케팅

브랜드를 떠올릴 수 있는 확실한 잔상을 고객에게 각인시킨다. 브랜드를 통하여 관계, 문화, 지위를 고객에게 부여한다.

디지털 마케팅

이메일, 블로그, SNS, 유튜브 등 다양한 IT기술과 접목 마케팅을 펼친다.

뉴로 마케팅

구매의사 결정의 90%이상이 의식 수준 이하의 뇌활동 영역에서 이루어진다는 연구 결과를 바탕으로 한다. 고객의 소비욕구의 생성과 충족에 이르는 뇌 반응을 자기공명장치MRI 등을 활용해 마케팅에 접목시킨다.

스포츠 마케팅, 글로벌 마케팅, 스토리텔링 마케팅 등 최근에는 분야별로 전문화된 마케팅이 그 수를 헤아릴 수 없을 정도다.

판매에 가장 큰 능력은 방문하는 집의 현관문을 넘어서는 일이다. 성공, 성취 못 하는 삶의 가장 큰 문제는 머뭇거림이다. 반면 성공, 성취하는 사람의 가장 큰 특징은 쉽게 현관 문지방을 넘는데 있다. 현대는 생각하고 고민하는 햄릿형보다 행동하고 돌진하는 돈키호테형을 원한다. 행동의 시대다. 책상 위에 서류뭉치는 치워라.
시장과 고객이 있는 현장으로 가라. 항상 답은 현장에 있다.

관계 마케팅

현대자동차 충정강원지역 본부장으로 근무할 때였다. 그 지역에서 가장 큰 버스업체인 C운수업체에서 1년 수요량 70여 대를 구매한다는 정보가 입수됐다. 지점장 버스 담당과장을 대동하고 업체 사장을 뵈려 아침 일찍 대전에서 출발했다. 버스회사에 도착하니 사장 주관으로 임원 회의를 하고 있었다. 회의가 끝나기를 기다려 우선 총무 구매담당 B상무와 대면을 했다. 인사치레하다가 슬쩍 금년도 구매계획을 확인차 물어봤다. 지금 파악하고 있다는 대답이 돌아왔다. 우리가 C사의 버스 보유 대수를 파악하고 있는바 연식으로 계산해보아도 70여 대는 교체를 해야만 했다. 고속버스 70여 대는 큰 수요였다. 경쟁사로 넘어가면 그달 시장 점유율 하락은 물론 본사의 질책도 걱정스러웠다. 더군다나 공장 가동에 필요한 물량이 부족하여 어떤 때는 공피치를 띄우는 경우도 있던 때였다. 부회장으로부터도 생산 오더를 빨리 내려보내라는 지시가 있지 않았던가. 차 한 잔을 급히 마시고 사장실로 들어갔다. 버스 업체에서 40여 년 근무한 산전수전 다 겪은 C 사 P사장은 노회한 70대의 경험 풍부한 사람이었다. 만만치 않았다. 일반적으로 이런 경우에는 최대한 시간을 지연시키면서 애를 태워 챙길 수 있는 실리는 다 챙긴다. 일상적인 대화를 하면서 파악한 바로는 C사의 최우선 구매요건은 가격이라는 것을 알았다. 기름값, 인건비, 보험료, 자동차할부금, 타이어 등 부품비, 이런 모든 운수회사에 필요한 것을 지출하고 나면 사실 자치단체에서 지급하는 보조금이 없다면 버스를 운영할 수 없는 게 현실이었다. 여의치 않은 경영 여건으로 한 푼이라도 싸게 사야 되는 게 업체 측의 현실이었다. 문제는 차량 가격에 있어 우리 제품이 비싸다는데 있었다. 그 회사 입장에서 사용연한 동일하고 승차인원이 같은데 굳이 비싼 버스를 살 이유가 없다는 것이었다. 더욱이 복합터미널에서 배차시간은 일정하게 정해져 있는데 더 좋고 비싸다고 하여 승객이 일부러 기다려 그런 버스를 골라서 타는 게 아니라는 것이다. 난감했다. 차량의 품질, 브랜드 가치, 내구성, 중고차 가치 등 당연히 우리 버스의 장점이 많았지만 사려는 회사의 입장이 그러하니 이만저만한 걱정이 아니었다. 대전에서 한 시간 넘게 걸리는 C사 사장실로 거의 매일 출근이 계속됐다. 사양을 설명하고 연비, 정비 등 종합적인 측면에서 현재의 가격 차이는 1년간의 운행으로 만회할 수 있다는 소구점을 귀에 못이 박이도록 세뇌해 갔다. 노회하고 구매 경험이 많은 사장은 묵묵히 시간을 끌며 H,K,D 사의 이런 가열된 마케팅을 은밀히 즐기며 한편으론 경쟁을 더 부추기고 있었다. 어느 순간 70대에 대한 견적을 내라는 요구가 떨어졌다. 구매 결정은 가격으로 한다는 조건을 달아서…. 본사에서 내려온 가격 준수 마지노선은 있고 그대로 제출하면 뻔한 결과가 예상되어서 고민하다가 인근 동종업계 H사의 O사장을 움직여 보기로 했다. 다행히 H사는 우리 제품에 만족해 있었으며 우리 버스의 장점을 잘 알고 있었다. 자연스럽게 C사 사장과 만난 것처럼 하며 만남에 합류했다. 우리 제품의 연비, 정비, 부품가 등에서 우수성을 얘기하며 H사 사장은 현재의 가격 차이는 우리가 주장한 대로 1년 안에 만회가 된다고 얘기해 주었다. 식사에 곁들여 늘 하던 대로 폭탄주가 돌았다. 술이란 피해도 되지만 정도를 지키면 여러모로 이로움을 준다. 어느 순간 서로 잠가둔 마음의 자물쇠를 열게 한다. 내일 아침이면 후회할지도 모를 호기를 부리기도 한다. 호기를 부리도록 부추기는 쪽은 우리다. 나는 정신이 멀쩡한데 상대방이 취하기를 바라서도 안 된다. 내가 취해서 취한 모습을 보여줘야 상대도 따라 하는 것이다. 폭탄주의 순리다. 그간 고민이 많았다고 우리 좀 도와달라며 분위기를 주도하면서 폭탄주를 제조한다. 술로 호기를 부리는 것이다. 실수는 용납되지 않는다. 다음과 같은 실수 말이다.

공광규 – 우리 집에서 생긴 일

친구들은 독실한 신자였던 나를 도덕 교과서라고 부른다. 그러나 회사 접대 술을 마실 때면 항상 여자를 옆에 앉히는 버릇을 가졌던 나는 생일날 친구네 식구들을 청하여 술을 마시다가 나 자신도 모르게 친구 아내의 사타구니에 그만 손을 넣는 바람에 대판 싸우고 뜻하지 않게 친구까지 잃었다. 애새끼들만 아니면 네놈하고 안 살아. 아내는 울고불고하다가 지갑을 압수하고 신용카드란 카드는 모두 가위로 잘라 버렸다. 쌍놈! 신용 지랄하네! 그놈의 물건도 그냥 잘라버릴 쳐!!

C사 사장은 마지막까지 객기를 부리지 않았다. 난감한 일이다. 전

략을 조금 수정해서 그간 인간관계를 돈독히 한 정비, 구매, 영업부서의 임원을 움직여 사장을 압박하도록 하였다. 가격은 본사와 재협의하여 그간 이야기 돼 오던 금액에서 성의를 보이는 선에서 제출했다. 이제는 결정을 기다리는 수밖에…. 그 와중에 어떻게 됐느냐는 부회장으로부터 전화가 왔다. 그리고 무슨 일이 있어도 먹으란다. 또 걱정…. 그런데 다음날 청천벽력 같은 일이 벌어졌다. 70대중 최소한 50% 이상은 우리 차로 구매가 될 줄 알았는데 30%인 21대…. 나머지 49대는 K사로 간 것이다. 가격 때문에 어쩔 수 없었단다. 전량 K사로 발주해야 했지만, 그간의 본부장, 지점장의 입장을 헤아려 30% 배정을 해주었다는 C사의 설명이었다. 우리는 그 즉시 C사로 향했다. 사장실로 들어가니 회사 입장을 설명하며 주주들을 설득할 수 없었다고 미안해한다. 더 할 말이 없었다. 이렇게 결정 난 것….

　이 일을 어쩌나 본사의 전무, 부회장, 공장의 공장장 얼굴이 떠올랐다. 면목이 없었다. 회사로 들어가기가 싫었다. 한참을 추운 날씨에 달아오른 내 몸을 녹이며 마음을 추스르고 있으니 어느덧 짧은 겨울 해가 넘어가고 땅거미가 지고 있었다. 그간 고생한 지점장 과장들에게 수고했다 하며 내일 본사에 보낼 보고서를 작성하라고 지시하는데 마음이 짠했다. 그리고 인근에 있는 농수산물센터로 가서 과일 바구니와 생선 꾸러미를 샀다. 지점장과 과장들은 의아한 표정을 짓고 있었다. 이 마당에 웬 과일과 생선을? 버스 담당과장에게 사장 집으로 가자고 했다. 아직 사장은 집에 없을 게 뻔했다. 부인만 있었다. 과일과 생선을 집에 들여놓고 쓸쓸히 겨울밤 먼 길을 달려 귀사하였다. 과일과 생선을 산 것은 올해는 비록 졌지만, 내년에는 꼭 전량 우리 차를 판매하고야 말겠다는 나의 다짐이었다.

　지점장과 과장들에게 더 철저하게 업체 관리하라는 메시지이기도 했다. 이듬해 우리는 발주 나온 60여 대, 전량 수주하였다.

현장 중심 마케팅

현대자동차에 근무할 때 매년 5월경이면 판매, 생산, 연구, 구매, 재무, 마케팅, 관리 등 모든 부서가 집결하여 중장기 계획을 세우고 점검하는 회의를 했다.

지금은 은퇴한 C부회장 주재로 하루 종일 발표와 토의 위주로 진행되는데 부서 간 입장 차이가 큰 프로젝트가 있기 마련이다. 기억으로는 대부분 시장을 대변하는 판매, 마케팅이 한편이고 나머지 생산, 연구, 상품, 재무 등이 같은 편이 된다. 수적으로 열세이고 이론과 논리면에서 주로 판매 마케팅 쪽이 밀린다. 시장을 대변하는 쪽과 회사 내부의 입장에 서서 주장하는 쪽과 평행선을 그으며 결론 없는 난상 토론을 진행하게 되는데 C부회장은 거의 대부분 시장의 편에서 의견을 개진하는 마케팅과 판매부서의 손을 들어줬다.

현명한 판단이라 생각했다. 기업이 특정 시장에 그 시장이 원하는 것을 주는 것은 장기적으로 볼 때 최선의 길이기 때문이다. 시장을 잘 아는 사람들이 해석한 대로 상품과 서비스를 제공해 주어야만 판매가 가능하고 기업이 생존할 수 있기 때문이다. 물론 정확한 정보와 데이터에 의한 판단의 책임은 시장을 담당하는 편에 있다. 일본에는 "그 사람의 입을 보지 말고 발을 보라"라는 속담이 있듯이 시장을 정확히 알기 위해서는 발품을 팔아 현장을 많이 보는 것 이외에는 특별한 방법은 없다. 또 다른 진정한 회의의 목적은 각 부서들이 더욱 긴밀하게 협력하고 갈등을 대화로 해결하며 기업의 장기적 이익에 기여할 수 있는 해결책을 찾는 데 있었다. 마케팅은 연구소, 공장, 구매, 재무 등 다른 부서와의 사이에 더 협력적인 관계를 형성하도록 해야 한다. 특히 협력마케팅을 추진하여 부서 간에 벽을 허물고 더욱 탄탄한 결속력을 다지게 해야 한다.

회의가 끝난 이후 참석자들이 모여 폭탄주를 돌리며 화합과 협조를 다지는 시간을 갖는다. 여기서 부서 간 장벽이 허물어지고 상호 간에 친밀감이 생긴다. 한 사람씩 돌아가며 각오를 다지는 건배사를 하고 돌고 도는 폭탄주를 수없이 마시다 보면 모두가 하나가 된다.

필자가 속해 있던 현대자동차 상용본부 직원들이 외치는 구호가 있는데 "한번 상용은, 영원한 상용" "Once commercial, Forever commercial"이었다.

타 본부 대비 인원수는 많지 않았지만 직원들 간에 결속력은 강하였다. 폭탄주는 필요악이기도 하지만 필요선이기도 하다. 건강을 해치는 부정적인 요인도 있지만 하나가 되는 힘이 그 안에서 생긴다. 특히 상용본부 그중에서도 국내영업본부소속 직원들의 폭탄주 문화는 접하는 고객들이 버스업체, 화물업체 고객들이다 보니 강도가 세다. 필자도 지점장 본부장을 하며 수없이 폭탄주를 마셨다. 폭탄주 문화도 지방마다 조금씩 특색이 있는데 강원도의 폭탄주 문화는 그 당시 맥주 컵에 소주 반, 맥주 반을 따른다. 일반적으로 맥주 컵에 소주 한잔을 붓고 나머지를 맥주로 따르는데 비하여 강도가 세다. 빈속에 서너 잔 마시면 반응이 온다. 장소와 때에 따라서는 남자의 자존심 대결이 폭탄주 양으로 벌어지는 날이면 사실 고역이다. 다음 날 업무에 지장을 주지 않는 선에서 절제하는 것이 가장 좋은 것 같다. 고객의 마음을 얻기 위해서, 유대를 강화할 목적으로 즐겨 했던 폭탄주 문화도 점점 사라지는 느낌이다. 시대에 맞는 관계 마케팅이 있고, 현장을 파악하는 방법이 있는 것이다. 건강 문제로, 사회 지탄의 문제로 폭탄주 문화가 외면받는 것 같다. 난상 토론 후 하나가 되기 위한 폭탄주! 사실 그게 중요한 것은 아니다. 기업에 필요한 것은 매출과 이익을 올릴 수 있는 사업계획이다. 또한 시장에서 판매가 가능한 상품이다. 기업의 핵심은 그러한 사업계획, 상품을 기획하고 판매하는 마케터들이다.

그 회의의 가장 중요한 목적은 알찬 사업계획을 수립하는데 있었다.

성공하는 CEO는 고객과 함께한다

성공했을 경우에는 100명의 공로자가 손을 들지만 반대의 경우엔 단 한명의 실패자인 나만이 있다. 성공하는 기업가는 생계를 위해 열심히 일하는 일반 고객 그리고 현장 직원들과 함께 시간을 보낸다. 기업운영과 무관한 그럴듯한 자리에 얼굴 내밀기를 좋아하는 기업가들은 한동안 그렇게 할 수 있지만 얼마 가지 못한다.

현명한 기업가들은 무엇이 회사를 돌아가게 만드는지 결코 잊지 않는다. 그리고 일반고객과 거리를 두지 않고 그들 중 한 명처럼 보이며 직원들과 편안하게 어울리고 그들에게 관심을 기울인다. 그러면서 한편으로는 대단한 인물로 남아있는 것이다. 가장 중요한 것은 고객과의 접촉을 그만두지 않는 것이다. 미래의 고객이 될 잠재고객과의 접촉도 그만두지 않는 것이다.

현직에 있을 때였다. 회의나 행사 때 보면 사장이나 부사장 심지어 본부장들도 시장 상황과 고객 생각과는 겉도는 직원이 쓴 연설문을 그대로 읽는 사람들을 보게 된다. 참석한 고객이나 직원들은 어쩔 수 없이 박수를 치지만 서로 공허한 시선을 교환할 뿐이다. 심지어 현대 자동차에 근무할 때 모 임원은 본사 회의 시 혹시 있을지 모를 질문에 대비해 참고자료를 거의 책 한 권 수준으로 파일링해서 가져오는 것을 본 적이 있다. 그때 그 모습을 보고 참 시간낭비가 심하다는 생각을 했다. 불필요한 요소가 너무 많기 때문이었다. 일주일간은 그 작업에 매달렸을 것으로 생각되었다. 고급 인력들이 잠깐의 회의를 위해서 단순히 답변하기 위한 자료로 너무나 많은 비용을 낭비한 게 아닌가! 평상시에 자기업무에 몰두했더라면 그런 일은 없었을 것이다. 반면 내가 모셨던 분 중 사장까지 하고 퇴임한 분인데 그와는 반대였다. 혹 많은 자료를 준비하더라도 갖고 가지 않았다. 쭉 한번 훑어보는 수준이었다. 그분 생각은 자기 일인데 웬만한 것은 머릿속에 어느 정도 정리되어 있어야만 되는 것 아니냐는 생각을 갖고 있었던 것 같다. 설령 임원들에게 회장이 질문을 하더라도 자료를 찾아가며 답변할 수 없는 게 현실이었다. 괜히 부하 직원들의 노력과 시간만 허비하게 한 것이다. 현대자동차 K사장은 그런 면에서 참 본받을 만하다. 형식적인 것 싫어하고 권위 의식을 배제한다. 한 행사장에서 직접 겪은 일인데 사장 인사말 순서에서 해당 부서에서 써준 축사를 단상 옆으로 밀쳐내고 본인 생각을 진솔하게 참석자들에게 들려주었다. 겉도는 형식적인 축사가 아닌 꼭 필요하고 살아있는 얘기에 참석자들은 공감하고 박수 치는 것이다. 직무분야나 상하관계 없이 거의 모든 직원들로부터 존경과 사랑을 받고 있다. 구김 없이 편하게 사람을 대하고 말하기보다 경청하며 직원들의 애로사항을 흘러보내지 않기 때문이라 생각한다. 외모에서부터 풍기는 편안함과 멋 부리지 않는 자연스러운 옷차림, 태도, 자상하고 편한 말투, 반가움의 표정 등이 사장의 권위와 위세를 내세우지 않더라도 존경과 사랑을 한없이 그에게 보내는 요인인 것 같다. 현장 직원들과 고객을 가까이하는 기업가들은 헛된 일에 돈과 직원의 힘을 소모하지 않고 중요하고 조직이 성장하는 일에 역량을 집중시킨다. 기업 존속의 근원은 고객과 현장 직원이다.

사소한 것 한 가지가 모든 것을 좌우한다.

양재동 현대자동차 본사 로비에 차량 전시장이 있다. 정몽구 회장은 늘 관심을 갖고 보는데 그랜저 신차가 나왔을 때였다. 신차이기에 유심히 차량을 살펴보던 정회장의 표정이 언짢아 보였다. 그때 신차로 나온 그랜저에도 지금의 에쿠스와 마찬가지고 보닛(bonnet)에 후드마크가 달려 있었던 것이다. 후드마크가 고급차 이미지 효과도 주지만 그에 못지않게 불편함도 준다. 세차할 때 잘 빠지고 장난삼아 아이들이 망쳐놓기도 한다. 아마 후드마크가 달린 차량을 소유한 고객이라면 한번쯤은 교환해본 경험이 있을 것이다. 그런 불만 사항을 어디서 들었는지 담당자를 불러 당장 제거하라고 지시하는 것이었다. 고급차의 이미지 효과보다는 실용적인 면에 더 우위를 두었던 것 같다. 사실 후드마크가 떨어져나간 상태의 차량은 보기 흉하다. "깨진 유리창의 법칙" 이라는 1982년 제임스 윌슨, 조지 켈링이 내세운 이론이 있다. 건물 주인이 깨진 유리창을 방치하면 지나가는 행인들은 그 건물 관리를 포기한 것으로 여겨 오히려 돌을 던져 나머지 유리창마저 전부 깨뜨린다는 이론이다. 공원이나 유원지에서 쓰레기장이 아닌데도 누군가 처음 쓰레기를 버린 곳에 많은 사람들이 자연스럽게 쓰레기를 그곳에 던지고 있음을 보았을 것이다. 범죄학 이론에서는 그와 같은 건물에서는 강도 같은 범죄가 일어날 확률이 높아진다는 것이다. 깨진 유리창 한 장이 한 장이 아닌 즉 100-1=99가 아니라 100-1=0이 될 수 있다는 사소하지만 그 사소함이 치명적이 될 수 있다는 것이다.

품질완벽, 불량제로에 대해 강조하고 강조하는 정회장의 품질경영은 사소한 것 조그만 실수가 모든 것을 좌우할 수도, 100-1=0이 될 수도 있는 무서움 때문이기도 하다. 그래서 품질에 최고의 가치를 부여하며 열정을 쏟는 것일 것이다.

목표 달성 능력을 향상 시키는 방법

　본사 판촉 팀장, 지역 본부장으로 근무하면서 생애 처음으로 지점 장이 되어 나가는 신임 지점장에게 꼭 해줬던 말이다. "부임 첫 달이 당신이 성공적으로 지점장직을 할 수 있는지 또 없는지를 판가름한 다며 첫 달은 100% 성공적으로 잘 마감해야만 지점장으로 성공할 수 있다."고 강조 한 말이다.

　왜냐하면 목표달성 능력은 하나의 습관이기 때문이다. 목표 달성 시행 능력은 반복을 통해서 익힐 수 있는데 부임 첫 달부터 실패한다 면 실패가 반복될 확률이 더 높아지기 때문이다. 목표 달성이 자연스 럽도록 무의식적이고 조건 반사적으로 구구단이 우리 입속에서 저절 로 나오듯 몸에 밸 때까지 지겹도록 몸에 녹아나야 한다. 자기 자신 을 목표 달성 능력 있는 지점장으로 만들기 위해 노력한 사람들만이 실천에 성공한다. 직장인이 보수를 받는 이유는 목표 달성 능력을 갖 추고 있고 성과에 책임을 지기 때문이다. 아무리 재능이 높고 지식이 많다 하더라도 목표를 달성하지 못하는 지점장은 핵심자원이 될 자격이 없다고 생각한다. 지점장이 목표를 달성하기 위해 익혀야 할 습관적인 능력에는 다음과 같은 사실들이 있다.

체계적인 관리를 통해 자신의 시간을 활용한다.

자본이나 노동은 더 많이 소유할 수도 있지만 시간은 철저히 소멸되는 것으로써 항상 부족하다. 그러나 대부분 이 귀중한 필수 자원을 당연한 것, 무한한 것으로 여긴다. 끊임없이 회의를 하는 지점은 무엇 하나 제대로 하는 사람이 없음을 반증한다. 점심식사는 같이 근무하는 직원끼리만 자주하는 지점장은 그 귀중한 시간을 낭비하고 있는 것이다. 고객과 같이해야 하는 시간이다.

자신의 노력을 업무가 아니라 결과에 연결시킨다.

그러나 대부분 결과가 아니라 노력 자체에 몰두하고 있다는 사실이다. 노력 안 하는 지점장이 어디 있던가. 부진한 지점장에게 부진사유를 물으면 열심히 노력했습니다만…. 하찮은 핑계일 뿐이다. 노력은 기본에 기본일 뿐이다.

2차 대전의 영웅 조지 마셜 장군은 "진정 위대한 지휘관은 모든 난관을 극복해야 함을 기억하라며 '전투는 단지 극복되어야 하는 어려움의 연속일 뿐'이라고 했다. 장비 부족, 식량 부족 등 무엇 무엇이 부족하다는 말은 변명에 지나지 않는다."라하며 극복할 것을 강조했다.

강점을 바탕으로 성과를 올린다.

자신이 할 수 있는 것이 아니라 자신이 할 수 없는 것에만 신경 쓰는 사람, 그리고 그 결과 강점을 활용하기보다 약점을 줄이려는 사람은 약한 인간의 표본이다. 링컨 대통령은 남북전쟁 당시 율리시스. S. 그랜트 장군을 많은 참모들이 술을 좋아한다는 이유로 반대했지만 그의 강점만을 보고 최고사령관에 임명하여 전쟁을 성공으로 이끌었다.

철강왕 앤드류 카네기의 묘비명에는 "여기 자신보다도 더 우수한 사람을 어떻게 다루어야 하는지를 아는 인간이 누워있다." 라고 씌어 있다. 카네기의 장점은 우수한 인재들을 잘 쓰는데 있었다. 그는 철강왕이 되었다.

실적으로 능력이 증명된 사람은 그것이 강점이므로 발휘할 기회를 주어야만 한다. 성과를 올릴 수 있는 자리에 그 사람을 배치하는 것은 목표를 가장 잘 달성하게 할 뿐만 아니라 열정을 불러일으키게 하고 조직에 공헌하게 한다. 반면 업무를 잘 수행하지 못하는 사람은 그가 어떤 사람이라 해도 가차 없이 이동시키는 것이 좋다. 왜냐하면 조직에 약한 물을 들게 하기 때문이다. 상사의 강점을 활용함으로써 자신의 성과도 올린다. 어떤 지점장은 타 본부에서 새로 부임한 상사에 대해 스스로 교사나 된 듯 상사 자신의 모르는 부분을 가르치려고 노력한다. 반면 목표를 달성하는 지점장은 "신임 상사는 무엇을 잘 할 수 있을까"라고 스스로 질문하며 상사의 능력을 발휘 할 수 있도록 도와주며 나의 목표 달성에 활용한다. 목표를 늘 달성하는 지점장은 할 수 있는 일을 하고 강점을 잘 활용함으로써 앞으로 나아가고 또한 성과를 올린다.

중요한 일을 먼저 해결하는 방법

목표를 달성하는 사람들은 중요한 일부터 먼저 처리하며 또한 집중해서 한다. 일부 지점장은 전혀 불필요한 규칙만 늘리고 결정을 지연시키는 구실에 불과한 많은 조사를 하며 갖가지 형태의 회의를 한다. 그리하여 자신의 시간과 다른 직원들의 시간을 낭비하게 한다. 현명한 지점장은 모든 계획, 활동, 과업을 정기적으로 점검한다. 계속할 만한 가치가 없으면 즉시 중단하고 조직의 성과에 크게 기여할 수 있는 다른 과업에 집중한다. 새로운 것을 잘 수행하기 위한 유일하고도 가장 효과적인 수단은 능력 있는 인재들이다. 회사는 신선한 바람을 불러일으키고 변화를 주도할 참신하고 능력 있는 인재를 외부에서 영입할 필요가 있다. 내부의 힘만으로 성장하려는 조직은 유전자 법칙에 따라 열성 조직이 되고 만다. 타이밍도 성공에 가장 중요한 요인이다. 유용성을 잃거나 생산성, 필요성이 없으면 즉시 폐기한다. 그렇지 않으면 조직은 비대해진 지방질로 인해 스스로 질식사하고 만다.

올바른 전략에 근거하여 의사결정을 신속히 한다.

기교를 발휘하기보다는 근본적인 영양을 미치기를 바라며, 영리한 결정자가 되기보다는 건전한 결정자가 되기를 바란다. 원칙을 지켜야 할 시기가 언제인지, 개별적인 상황에 따라 실용적으로 의사 결정할 시기가 언제인지를 구별한다.

"법률이 많은 나라는 무능한 법률가들의 나라다." 라는 말이 있다. 원칙과 근본에 충실해서 의사결정을 하지 않으면 안 된다. 예외적인 문제는 오직 개별적인 문제로 취급하여 해결한다. 2천 년 전 "로마법에 사소한 일에 집착하지 않는다."라는 말이 있다. "용감한 사람은 한

번 죽는데 비해 겁쟁이는 백번도 더 죽는다."고 했다. 의사 결정에도 원칙과 근본을 지키려는 용기가 필요하다. 타 조직과의 협상에서 유념해야 할 내용이다.

성과를 올리는 효율성을 배울 수는 있으나 어떻게 하라고 가르칠 수는 없다. 결국 자기 수련이요 연습이다.

- 체계적인 시간관리와 시간을 낭비하는 요소를 제거하라.
- 목표를 중심으로 생각하고 거기에 초점을 맞춰라.
- 강점을 활용하라.
- 중요한 일부터 먼저 하라.
- 성과를 향해 일하라.

이제 필요한 것은 천재의 리더십이 아니라 좀 더 겸손하고 지속적으로 헌신하는 리더십, 결단, 목적의식이 뚜렷한 리더십이다. 지금의 관리자는 보수만으로 충분하지 않다. 목표달성, 자기실현 가치가 필요하다. 꾸준히 목표를 달성하는 관리자는 매슬로우 욕구 5단계에서 최상의 단계인 자존감의 욕구, 자아실현의 욕구에 충만해 있다.

현장 그리고 고객의 마음속으로 가라

본사 판촉팀장을 하고 있을 때 월말이면 목표달성추진, 다음 달 전략수립, 마감 보고서 작성 등 정말 바쁘다. 입이 바싹 타들어가 거울을 보면 입 주변이 하얗게 말라있다.

4월이라 생각되는데 판매가 생각보다 순조로워 목표대비 120%를 달성했다. 부서원들과 기분 좋게 마감회식도 했다.

매월 1일이면 각사의 판매실적을 취합해서 시장분석을 하는데 아아…. 시장 점유율이 예상외로 저조하게 나온 것이다. 우리뿐만 아니라 경쟁사도 판매를 잘한 것이다. 시장 상황이 호전되어 수요가 급속히 늘고 있음을 간과한 것이다. 현장을 한순간이라도 등한시하면 이런 결과가 나온다. 즉시 우리는 팀을 짜서 현장으로 내려갔다. 시장을 분석해보니 예상했던 것보다 경기회복 속도가 빨랐다. 수요증가에 가수요까지 가세하고 있었다. 담당 부사장으로부터 심한 질책을 받았다. 마케터는 현장을 사수해야 한다. 너무나 많은 마케터들이 업무를 사무실에서 본다. 책상이란 세상을 지켜보기에는 너무 한적한 장소다. 거기에는 펜과 종이 그리고 철 지난 보고서만 놓여있을 뿐이다. 세계적 마케팅 대가인 잭 트라우트는 마케팅 전쟁이 벌어지고 있는 현장, 곧 고객의 마음속으로 가라며 진흙탕 속 같은 현장에 마케터의 마음을 묻어두라고 강조한다. 현장에서 수집된 자원을 활용하여 전술이 최대효과를 발휘할 수 있는 방법을 찾는 게 성공적인 마케팅 전략수립이다. 마케팅 매니저들은 너무 두루뭉술하거나 피상적인 경향이 있다. 악마는 디테일한 것에 숨겨져 있다. 좋은 전략은 작은 것에 세심하게 주의를 기울이는 디테일에 강할 때 나온다.

당신은 많은 기자들이 무엇을 하면서 기사를 쓴다고 생각하는가? 현장에서 취재를 하면서….

아니다. 그들은 다른 기자들의 기사를 읽으며 기사를 쓴다. 그것이 현장에서 취재하는 수고를 덜어주기 때문이다. 그러다가 큰 실수를 한다. 오보다. 현장을 등한시한 결과이다. 많은 기업들이 수많은 지역적인 작은 전투를 벌이느라 전쟁을 할 에너지가 없다. 신시장 개발, 기존시장 관리, 제품개발, 기존제품개선, 라인 추가 등 수많은 전투를 하다 보니 그런 일이 마케팅의 전부인양 되어버렸다. 전술만 있고 전략은 사라졌다.

마케팅이란 단순한 아이디어가 복잡한 아이디어를, 하나의 아이디어가 여러 가지 아이디어를 물리치는 게임이다. 하나의 성공에는 하나의 길만이 존재한다.

필립 코틀러는 구시대적 마케팅 관행으로
1. 고객관리보다는 고객 유치에 더 중점을 둔다. 고객의 평생가치를 관리하기보다는 각각의 거래에서 이익을 올리려고 한다.

2. 제품의 가격적인 측면에서도 가격전략차원에서 접근하기보다는 비용과 마진에 근거하여 가격을 정한다.
3. 고객의 실제 필요를 이해하고 만족시키기보다는 상품을 판매하는데 중점을 둔다고 하였다. 아직도 관행으로 여기며 그렇게 하는 기업이 많다.

마케팅을 잘하는 기업은 다른 기업과 네트워크를 형성하여 협력한다. 국내시장보다는 세계시장으로, 상품중심에서 시장과 고객중심으로 기업의 축을 이동시킨다. 맞춤 상품으로 목표 마케팅을 한다. 지속적으로 새로운 강점을 찾고 블루오션을 개척한다. 신상품개발 사이클을 가속화하며 1등 상품을 내놓는다.

횡적경영을 한다. 현장과 CEO가 직통라인으로 24시간 연결된다. 마케팅은 고객의 마음속으로 들어가 원하는 것을 효과적으로 주는 그 이상 그 이하도 아니다.

유레카를 외칠 때

　현대자동차에서 30여 년 판매와 관련된 업무를 하면서 매달 목표 달성방안, 판매추진안, 사업계획, 마케팅방안 등에 대한 심각한 고민을 하였다. 10년의 중장기 계획, 매년 세우는 연간계획, 월별계획 그 중 매달 짜는 월판촉안, 마케팅방안은 고통이 아닐 수 없었다.

　월말로 접어들면서 부여된 목표 체크, 달성 독려에도 바쁜데 다음 달 판촉 마케팅 방안까지 수립하려면 머리가 쥐가 날 지경이었다. 사실 부서원들과 회의실에서 머리를 맞대고 쥐어짜 봐야 그 밥에 그 나물이다. 재탕 삼탕으로 효과도 검증도 안 된 그렇고 그런 방안들이 현장으로 내려간다. 직원들을 어디 판촉 아이디어 학교나 마케팅 사관학교가 있으면 보내고 싶은 심정이었다. 더군다나 신차를 개발하여 시장에 런칭을 하고 공장에서는 열심히 생산하는데 판매가 부진해서 재고가 그야말로 하치할 곳이 없을 정도로 쌓이면 머리에 김이 모락모락 날 정도다. 공장에서는 쉬지 않고 생산라인을 가동해야 하니 오더를 달라고 매일 성화지, 위에서는 재고가 많다고 아우성이지 고민이 아닐 수 없다.

이쯤 되면 하루하루가 고역이다. 막대한 비용을 들여서 개발한 신차이고 대당 억대가 넘어가는 고가품인데 대형마트에서 흔히 하는 1+1 마케팅이나 끼워 팔기도 할 수 없고 입이 바싹바싹 마른다.

"유레카" 바로 이거다. 어느 순간 무릎이 탁 쳐지는 신선한 판촉안이 도출된다. 주로 성공적이고 참신한 아이디어를 보면 인문학적 사고의 결과물일 때가 많다.

경영은 인문학적 사고로 풀어보려는 노력은 10여 년 전부터 우리 사회에서 활발히 일어나고 있는 현상이다. 특히 애플의 스티브 잡스 아이폰 이후 인문학적 발상에 의한 창조와 융합에 대한 기업의 관심이 커졌다. 제품과 서비스의 차별화가 각 기업별로 한계에 도달한 현실에 선두가 되고 유지하기 위해서는 차별화를 뛰어넘는 크든 작든 창조적이고 신선한 아이디어가 제품이나 서비스에 녹아있어야 가능해졌다. 제품과 서비스의 창조와 융합을 위해서는 인문학적 사고를 필요로 하게 된다. 대학이나 시중에 떠도는 마케팅, 판촉에 대한 서적들은 현장에 별로 도움을 주지 못한다. 대부분 성공사례를 분석했거나 실적과 숫자의 결과물이고 연구자료일 뿐이다. 그에 대한 분석이론 이상 이하도 아니다. 경험상 적용할 만한 참신한 내용이 없었다. 살면서 읽고 느끼고 체험하고 습득한 인문학적 소양들이 어느 순간 번쩍하면서 유레카를 외치게 한다.

풍부한 인문학적 소양과 고민 속에서 아이디어가 나오는 것이다. 인문학의 바다에 빠지지 않고는 창의적인 상품이 나올 수 없다. 인문학은 수치로 계산할 수 없는 상상력의 원천이기 때문이다. 산업 경제력을 키우고 선진국으로 나아가려면 인문학을 공부해야만 한다.

시와 창의성

(아버지를 그리며)

공광규 - 소주병

술병은 잔에다
자기를 계속 따라주면서
속을 비어간다
빈병은 아무렇게나 버려져
길거리나 쓰레기장에서 굴러다닌다
바람이 세게 불던 날 밤 나는
문 밖에서 아버지가 흐느끼는 소리를 들었다
나가보니 마루 끝에 쪼그려 앉은 빈 소주병이었다

김광규 - 작은 사내들

작아진다 자꾸만 작아진다
넥타이를 매고 보기 좋게 일렬로 서서 작아지고
모두가 장사를 해 돈 벌 생각을 하며 작아지고
들리지 않는 명령에 귀 기울이며 작아지고
제복처럼 같은 말을 되풀이하여 작아지고
보이지 않는 적과 싸우며 작아지고
수많은 모임을 갖고 박수를 치며 작아지고
권력의 점심을 얻어먹고 이를 쑤시며 작아지고
배가 나와 열심히 골프를 치며 작아지고
칵테일 파티에 가서 양주를 마시며 작아지고
이제는 너무 커진 아내를 안으며 작아진다
－중략－
그들은 충분히 작아졌다
성명과 직업과 연령만 남고
그들은 이제 너무 작아져 보이지 않는다
그러므로 더 이상 작아질 수 없다

허형만 - 아버지

산 설고
물 설고
낯도 선 땅에
아버지 모셔드리고
떠나온 날 밤

애야! 문 열어라!
잠결에 후다닥 뛰쳐나가
잠긴 문 열어 제치니
찬바람 온 몸을 때려
뜬 눈으로 날을 샌 후
애야! 문 열어라!
아버지 목소리 들릴 때마다
세상을 향한 눈의 문을 열게 되었고
아버지 목소리 들릴 때마다
세상을 향한 눈의 문을 열게 되었고

   틈나는 대로 시를 낭송한다. 고등학교 때 국어 선생님이 좋은 목소리로 학생들이 졸거나 지루해할 때 시를 낭송해 주곤 했다. 그때 선생님이 참 멋져보였다. 미래학의 대부로 불리는 하와이대 교수 짐 데이터는 매일 시 2편을 낭송한다.

   시와 미래학은 어떤 관계가 있는가. 문학적 상상력은 미래를 전망하는 눈을 확장시킨다. 미래는 꿈과 이미지에 의해 움직여 드림소사이어티가 될 것이다. 이런 미래상을 꿰뚫어 보려면 상상력을 키워야 한다. 그는 강의 시간에도 시 2편을 낭송해 수강생들의 창의력을 자극한다. 시의 운율은 듣는 이의 마음을 정화시키기도 한다.

   문학은 역사나 철학이 지닌 논리성에는 못 미치지만 인간을 총체적으로 이해하는 데는 한 차원 높은 학문이라 말 할 수 있다. 인간을 총체적이고도 동시적으로 해명하고자 시도하는 학문이라는 점에서 적어도 인간의 반쪽만을 해명해 매달려있는 역사나 철학보다 더 완전성을 지향하는 학문이기 때문이다. 그리하여 인문학의 첫 번째는 문학이고 두 번째는 역사, 세 번째가 철학이라는 말이 있다. 의미가 없는 서열이지만 그렇다는 얘기다.

아버지를 연상하게 하는 위 시를 음미해보면 숙연해지지 않는가! 아버지가 그리워진다. 마음이 고요해 지면서 가슴에 뭉클한 뜨거운 것이 우리의 눈가를 촉촉이 적신다. 사실적인 것, 이성적인 것에만 집착하고 믿는 과학자들도 비바람 부는 공동묘지에 홀로 가면 귀신이 나오는 모습을 연상해 등골이 오싹해진다. 인간의 사고가 이성적일 수만은 없다.

흔히 사랑에 빠지면 "눈에 콩깍지가 씐다."고 한다.

심리학 용어로는 — beer — goggles effect — 즉 맥주 안경 효과라 하는데, 이것은 맥주 다섯 잔을 마시고 다소 깜깜한 실내에서 1.5m 떨어져 이성을 바라보면 이성이 매력적으로 보인다는 실험결과이다.

나이트클럽의 침침한 조명 속에서 춤추는 여성들이 더 아름답게 보이는 것도 조명과 술의 효과가 작용해서 그렇다.

사람들은 지능지수가 높거나 학벌이 좋을수록 창의성이 뛰어나다고 생각할 수 있는데, 창의학 전문가인 켄 로빈슨은 지능지수나 학문적 능력은 창의성과는 별개라 주장한다. 그는 시나 인문학의 예술 창조성 DNA를 몸과 마음에 이식해서 창의적인 인간으로 거듭나기를 권하고 있다.

시는 우리 마음을 정화시켜 주기도 하지만 창의적인 아이디어도 움트게 한다. 시라는 것은 사고와 느끼기를 수없이 반복하는 과정 속에 그것을 언어로 표현한 창조적 산물이 아닌가.

수입차 시장 점유율 10%의 의미

　수입차 시장 점유율이 10%를 넘어섰다. 마케팅에서는 점유율 5%, MS 10% 넘기는 것에 중요한 의미를 둔다. 시장 점유율 5%를 달성했다는 것은 시장에 성공적으로 진입했음을 의미하고 MS 10%를 달성했다는 것은 성공적인 안착으로 티핑 포인트에 도달했다고 볼 수도 있기 때문이다.

　여러 모임에 참석해 보면 수입차를 타고 나오는 사람들이 몇 년 전에 비해 눈에 띄게 많아졌다. 예전 같으면 남의 시선을 의식해 때에 따라서 안 보이는 곳에 주차해 두고 오기도 했는데 요즘에는 그런 사람은 없다. 수입차 타는 것도 몇 년 사이에 자연스러운 것이 됐다. 수입차를 소유한 사람과 이야기 해 보면 수입차 구매한 것에 대하여 후회하는 경우가 많다.

　사실 합리적으로 하나하나 계산해서 구매를 결정했다면 수입차를 샀을 확률은 작아졌을 것이다. 일부 밴드왜건 효과(과시성에 의한 구매)에 기인한 바 크다 할 수 있겠다. 한편 구매에는 이성적 판단에 앞서 감성적, 즉흥적인 결정이 우선하는 경우가 지배적이다. 사실 감성이나 기분을 컨트럴 하는 우뇌의 지시에 따른 구매활동이 더 활발하다. 무의식, 감정, 감각 등에 호소하는 경우가 이성이나 논리, 합리성에 호소하는 경우보다 더 효과적일 때가 있다. 인간의 본능과 관련된 광고 마케팅 기법이 자극적이고 효과적이기 때문에 많은 광고에서 즐겨 사용된다. 립스틱 광고에서 오랄섹스를 연상시키는 장면을 두거나 햄버거 로고(M)에 엉덩이를 상상하게 하는 연출을 하고 또는 청바지 광고에 남녀 성행위를 떠오르게 하는 장면을 담는 것 등 그것이다.

　인간의 본성 감성에 호소하는 감성마케팅이요, 뉴로마케팅이다. 10여 년 전에 일본차가 국내에서 수난을 당하기도 했다. 반일 감정의 타겟이 된 것이다. 그러나 지금은 에펠탑 효과자꾸 보면 인정하고 정이 든다에 반일 감정이 극에 달해 있어도 그런 일은 일어나지 않고 있다. 수입차를 타본 사람들이 사고나 고장으로 수리해본 경험이 있으면 시간이나 비용 때문에 다시는 안 산다고 아마 다짐한 경우가 있을 것이다. 부품값 또한 국산차에 비해 너무 비싸다. 그러나 그런 불평 불만을 외부에 발설하지 않는 경우가 많은데 그 심리를 미국의 심리학자 리언 페스팅어1957의 인지 부조화 이론으로 설명할 수 있다. 인지 부조화 이론이란 사람이 2가지 모순되는 인지 요소를 가질 때 나타나는 인지적 불균형 상태를 뜻한다.

　이러한 인지적 불균형 상태는 심리적 긴장을 유발함으로 사람들은 이를 해소하여 심리적 안정을 찾고자 한다. 몇 년 전에 사회 문제 됐던 지구 멸망론을 믿었던 신도들은 지구가 멸망하지 않았으나 자신들이 속은 것으로 받아들이지 않고 오히려 믿음이 더욱 깊어졌음을 인식한다. 자신들이 속은 것으로 인정하면 그 고통을 감당하기 어렵고 그래서 오히려 신도들은 자신의 믿음이 옳았다고 생각하고 심리적 안정을 찾고 맹신하는 행동을 보이는 것이다. 자신의 과오를 인정하기보다 자신의 결정을 합리화하는 형태를 보여 심리적 안정감을 찾는 것이다. 갖고 있는 주식이 폭락하는데도 폭락하는 정보보다 조만간 회복 할 수 있을 것이라는 긍정적인 정보에만 관심을 갖고 귀를 기울인다. 부정적인 뉴스는 듣지 않고 유리한 소식만 들리는 것이다. 원하는 것, 바라는 것만 인식하는 칵테일 효과로도 설명 할 수 가있다. 세계 시장에서 인정받고 대접받는 것보다 국산 차가 국내에서 덜 인정받는 현실이 좀 안타깝다.

디드로 효과 마케팅

영화를 보려고 백화점에 가면 건물 상부에 배치된 영화관을 가기 위해 에스컬레이터를 타고 올라간다. 상부에 영화관을 배치하여 영화 보고난 뒤 백화점을 나가기 위해 내려가면서 전체 매장을 구경하도록 유도하는 전략이다. 레이아웃을 그렇게 하는 것을 샤워 효과라고도 한다. 반면 분수효과는 식품, 화장품, 패션잡화 등을 1층이나 지하에 배치하여 그 반대 효과를 노리는 것이다. 숙녀복 매장을 둘러보고 가자는 집사람 청에 구경하다가 마음에 드는 옷이 있어 충동구매를 하게 된다. 그리고 집에 와서 산 옷에 매치할 마땅한 옷이 없자 다음 날 추가로 어울리는 옷을 또 사게 된다. 하나의 제품을 구매함으로써 그 제품과 연관된 것을 연속적으로 사게 되는 것을 디드로 효과라 한다.

18세기 프랑스 철학자 디드로가 "나의 옛 실내복과 헤어진 것에 대한 유감"에 있는 일화에서 유래 된 말이다.

디드로가 새로운 서재용 가운을 선물 받은 뒤 가운에 맞춰 책상을 바꾸고 싶어졌고 책상을 새로이 바꾸고 나니 서재를 새로 단장하게 되었다. 또 서재를 바꾸고 나니 방 전체를 바꾸게 되었다. 라는 내용의 글과 같이 연관된 상품을 구매하는 것을 그의 이름을 따서 디드로 효과라 한다. 자동차 회사인 벤츠나 아우디가 자동차와 관련된 악세사리를 제작해 파는 것도 일종의 디드로 효과를 보는 것이다. 굉음과 진동소리 때문에 가끔 우리를 깜짝 놀라게 하는 오토바이 업체 할리데이비슨사는 HOG^{Harley owners group}를 통해서 다양한 관련 제품들을 판매하고 있다. 바람막이, 가방, 장갑, 헬멧, 점퍼 등 뿐만아니라 핸들, 발판, 휠, 안장 등의 악세사리 판매로도 상당한 매출을 올리고 있다. 모터사이클 판매를 넘어서 할리 레스토랑을 운영하며 할리맥주, 할리담배도 판다. 할리 라이프스타일을 창조해가고 있다. 동호 마케팅이다.

군에 있을 때 감기나 두통이 있으면 의무병으로부터 약을 받아서 비교해 보는데 똑같다. 주로 소화제에 안정제를 넣어 처방하는 것이다. 약효가 전혀 없는 약을 먹어도 약효 때문에 병이 나은 것 같이 느끼는 것을 플라시보 효과라 한다. 플라시보란 아무런 효과가 없는 물질이지만 그것이 효과가 있다고 믿는 사람들에게는 실제 효과가 나타나는 물질을 의미한다. 한동안 비타민 열풍이 불어서 너 나 할 것 없이 백색 비타민을 먹었던 일도 우리가 비타민을 먹으면 더 건강해진 것 같이 믿어졌기 때문이 아닌가 싶다.

감성 마케팅

고객의 구매 심리가 이성과 논리 타당성을 기준으로 작용하는 것보다 감성적 요소에 더 큰 영향을 받는다. 한 연구 조사에 따르면 5% 정도의 고객만이 이성과 논리 타당성을 기준으로 상품을 구매한다고 한다. 물론 고객이 상품이나 서비스를 선택하는 과정에서 이성이나 논리가 배제된다는 것은 아니다. 정보를 수집 분석하는 단계에서는 이성이나 논리에 의거하겠지만 구매를 결정하는 단계에서는 감성의 지배를 받는 경우가 많다는 것이다. 더욱이 현 시장 상황은 제품의 차별성이 별로 없고 가격 경쟁이 심화되어 가격 차이도 없다. 고객 서비스 수준이나 영업인의 능력이 평준화 되어 감성 마케팅의 효과는 더 커질 수밖에 없다. 탁월한 감성 세일즈는 상품의 질 ,브랜드 열세, 가격 조건 등의 불리함도 극복할 수 있다.

고객과의 관계 강화를 위해서 식사를 같이 하고 등산이나 골프, 낚시 등 취미를 함께하며 선물을 주기도 하는데 사실 비용과 노력에 비하여 효과가 그리 크지 않을 수 있다. 최고의 고객을 만들기 위해서는 우선 상품력과 브랜드 가치는 물론 우수해야 된다. 그렇지만 고객을 대하는 영업인의 세일즈 역량 대단히 중요하다.

고객의 마음을 여는 감성 마케팅을 통해서 최고 고객을 만들 수가 있다. 감성 마케팅에서 영업인이 팔아야 하는 것으로 다음과 같은 것들이 있다.

첫 번째 호감이다. 외모, 옷차림, 미소, 대화, 태도, 표정 등 고객의 마음에 드는 것이 중요하다. 고객보다 탁월하면 반감을 불러일으킬 수 있다. 겸손과 어리숙함에 베어 있어야 한다.

두 번째 웃음과 인사이다. 필자가 과장 시절부터 모셨던 K전무는 별명이 김인사였다. 출근 때부터 퇴근 때까지 철저하게 인사를 한다. 문을 열고 들어올 때 큰소리로 웃으며 "안녕하십니까" 나갈 때 역시 큰소리로 웃으며 상황에 맞는 인사를 빠짐없이 한다. K전무는 퇴임을 하면서도 본사 전 층을 순회하며 일일이 퇴임인사를 하고 떠났다. 떠난 후에도 그에 대해서 나쁘게 얘기하는 사람을 보지 못했다. 거의 모든 사람이 퇴임을 아쉬워했다.

세 번째는 경청이다. 고객과 대화가 시작되면 80%는 경청하고 20%는 말하고 맞장구쳐라. 진지하게 듣고 칭찬하면서 맞장구치고 대화가 끊겼을 때 속담, 격언, 유머 등을 활용하여 대화를 이어나가고 특히 고객의 말에 부정하지 말고 자르거나 아는 척하지 마라.

네 번째는 열정이다. 성공한 고객일수록 열정이 넘치는 영업인을 좋아한다. 매사에 긍정적 적극적으로 대처하고 내 몸의 컨디션을 최상으로 유지하고 열정의 DNA를 이식해서 열정의 꽃을 피워라.

다섯 번째는 신뢰이다. 우선 고객과의 약속을 철저히 지켜라. 항상 정도 영업하라. 변칙은 변칙을 만들어 신뢰에 금이 가니 삼가라. 고객과 고객의 수익을 최우선으로 생각하라. 고객에게 상품이 아니라 나의 자긍심과 나의 가치를 팔아라.

여섯 번째는 고객을 빚진 상태로 만들고 대가를 기대치 말아라. 고객 방문할 때는 가벼운 선물을 챙겨간다. 음료수도 좋고 빵 한 조각도 좋다. 그러나 고객이 필요로 할 것 같은 선물이면 더욱 좋다. 여자에게는 꽃 한 송이, 나이 지긋한 어른에게는 비아그라도 좋다. 정성을 담은 선물이면 된다. 스토리가 있는 선물은 크게 비싸지 않으면서 좋은 효과를 발휘한다. 예를 들면 스토리 된장, 스토리 국수, 아이의 시험기간 때면 찹쌀떡 등이다.

내 몸 안에 감성 DNA를 뼛속까지 이식시키면 훌륭한 영업인으로 장인의 경지에 오를 수 있을 것이다.

사회공헌활동CSR과 코즈 마케팅

현대자동차에서 지역본부장으로 근무할 때 관내에 있는 장애우 집에 매년 네 차례 정도 도움을 줬다. 지방 도시에 근무할 때 추석, 설 명절 무렵에는 직접 방문하여 봉사활동도 하고 후원금 전달도 하면서 원장과 담소도 나누고 돌아오는 데 항상 마음이 뿌듯하였다.

서울에서 본부장으로 있을 때도 마찬가지로 어려운 곳을 찾아 봉사활동 및 필요한 물품을 전달하고 오는데, 지방과 서울은 확연히 지원받는 정도에서 차이가 남을 느꼈다. 지방 도시에서는 도움의 손길이 많지 않아서 우리의 방문 시기를 잘 알고 있었고 비록 우리의 도움이 작았지만 그래도 참 요긴하게 쓰고 있다는 느낌을 받았다. 다 그런 것은 아니었겠지만, 서울에서 근무할 때 관내 봉사가 필요한 곳에 가 보면 기업체 등 도움의 손길이 지방보다 풍부했다.

그리고 제가 수차 방문했던 곳의 원장을 거의 보지 못했다. 기업이나 공공기관에서 많이 시행하고 있는 예를 들면 연말연시 사랑의 연탄 나르기, 김치 담그기 행사 등 기업의 사회공헌활동CSR중 한가지였다.

70~80년대에 선경그룹에서 차인태 아나운서와 같이 진행했던 장학퀴즈, 유한캠벌리사의 우리강산 푸르게 푸르게라는 타이틀 아래 크리넥스 휴지 매출의 1%를 산림 관리 기금으로 기부했던 것이 한국의 기업 사회공헌 활동 효시라 할 수 있다. 최근에는 FREEMED 라는 무료 진료를 운영하는 우리의 젊은 세대들이 지식 기부를 통해 동참하고 있기도 하다. 연세대 의대 학생들은 진료를 담당하고 홍익대 미대 학생들은 버스 외부디자인과 자체디자인한 티셔츠 판매로 도움을 주기도 한다. 경영을 전공한 학생들은 수익 등 관리운영을 맡는다. 카드와 회사 사옥 디자인으로 신선한 바람을 일으킨 현대카드의 서울역 앞 버스정류장 아트쉘터도 단순히 버스정류장의 따분한 장소를 예술을 감상할 수 있고 문화를 즐길 수 있는 곳으로 탈바꿈시킨 일종의 사회공헌활동이다.

코즈 마케팅은 기업이 사회적 책임을 다하면서 긍정적인 브랜드 인지도를 형성하여 궁극적으로 매출 및 수익 증대를 이루는데 목표가 있다. 기업의 사회 공헌 활동과는 공익을 추구한다는 점에서 동일하다고 판단 할 수 있다. 하지만 사회적책임활동CSR은 기업이 사회, 환경, 경제 등의 미치는 영향을 인지하고 이들과 상생 할 수 있도록 사회공헌 활동을 펼치는 것으로 그 목적은 자선이라는 측면이 강하다. 그리고 부수적으로 기업이 긍정적인 브랜드 인지도가 제고되어 수익 향상에 도움이 될 수 있지만 궁극적 목적은 아니라는데 있다. 반면 코즈 마케팅은 소비자들에게 공익 추구라는 동기유발을 하여 착한 소비를 이끌어내고 공익 활동은 물론 최종적으로 기업의 매출증대를 달성하는데 그 목적이 있다고 할 수 있다.

P&G계열 제품인 PAMPERS기저귀 한 팩에 아프리카 어린이를 위한 파상풍 백신 한 개를 기부하여 4500만 명에게 도움을 준 1PACK 1BACCINE 캠페인은 대표적인 코즈 마케팅의 일환이다.

TOMS SHOES의 ONE FOR ONE 캠페인은 소비자들이 한 켤레를 사면 신지 못하는 아프리카, 남미 아이에게 신발 한 켤레를 기부하는 전략으로 단기간에 비약적인 성장을 이루었고 브랜드 가치를 높여 주었다.

1984년 아메리카 익스프레스사가 자사 카드 사용 시마다 일정금액을 자유의 여신상 복원 기금으로 기부한 것도 대표적인 코즈 마케팅의 진수라 할 수 있겠다.

그러나 기업의 사회 공헌 활동이나 코즈 마케팅의 가장 중요한 것은 그들이 진정성을 소비자들이 가슴으로 느껴야 한다는 것이다. 그만큼의 어려움이 있고 소비자들에게 가식으로 비칠 위험성도 있다.

입소문 마케팅

삼성가의 딸들이 언론에 노출되면 들고 있던 가방이나 목걸이 등은 다음 날이면 인기 상품이 된다. 영국의 윌리엄 왕자와 결혼한 케이트 미틀턴비의 웨딩드레스는 유행이 급속도로 퍼져 세계 많은 신부들의 사랑을 받고 있다. 인기 드라마 "별에서 온 그대"의 주인공 전지현 목걸이는 중국에서까지 선풍적인 인기를 끌었다. 이와 같이 상류층의 소비를 모방하는 것을 마케팅에서는 베블린 효과라 한다.

미국의 사회학자인 스스타인 베블런Thorstein Veblen은 1899년 출간한 유한계급론The theory of leisure class에서 "상류계층의 과시적 소비는 사회적 지위를 자랑하기 위해 행해진다"라고 주장했다. 그는 "과시하라, 그러면 사회적 관심이 뒤따를 것이다"라는 표현으로 현대사회의 물질만능주의를 조롱하면서, 성공을 과시하고 허영심을 만족시키기 위해 사치를 일삼는 상류사회를 비판하기도 했다. 가격이 비싸면 오히려 잘 팔리는 소비형태에 비판적 시각이 있지만 실제로 어떤 수입

제품은 가격을 높였더니 더 많이 팔리더라는 얘기도 들린다. 수 백만 원짜리 가방, 수 천만 원의 시계, 명품 옷 등 사회적 비판의 대상이 되고 있지만 자동차와 더불어 그 사람의 사회적 지위가 결정되는 요소 중 하나임은 분명하다.

너나 할 것 없이 명품 명품 하다 보니 일부 상품의 경우에는 소비가 너무 증가하여 오히려 그에 대한 선호가 오히려 줄어드는 현상도 있다. 상류층의 소비를 모방하는 베블런 효과와는 달리 남들과 달라야 하는 것이 우선인 특정 소비자들도 있다. 자신은 남과 다르다는 생각을 갖고 마치 고고한 백조같이 그만의 개성으로 상품을 소비하는 형태를 스놉Snob Effect 효과라 한다. 유행을 추종하여 구매하는 밴드왜건 효과와는 오히려 반대 개념이다. 유행을 쫓는 모방, 집단 소비가 밴드왜건 효과에 기인한 것이라면 개성과 차별화를 추구하는 개별소비를 스놉 효과에 의한 것이라 할 수 있다.

자동차회사에서는 신차 개발 후 발표회를 열고 계약을 개시하는데 첫날 계약 대수에 민감하다. 또한 언론에 계약 대수를 공표하면서 판촉에 활용한다. 다수가 선택했다는 사실이 소비자에게 확실한 보증수표 역할을 하기 때문이다. 일반적으로 고객들이 대세를 따르는 경향을 마케팅에 활용한 경우라 할 수 있다. 소비자들이 자발적으로 상품에 대한 평을 입소문 내는 것을 구전효과라 하는데 꿀벌buzz이 윙윙거리는 데서 유래되어 버즈 마케팅이라고도 한다. 입소문을 탄 제품은 그 제품을 이미 써 본 사람이 보증하는 역할을 하기 때문에 가장 확실한 효과를 볼 수 있는 마케팅이다. 신차 출시 후 시장 반응이 어떻게 나오느냐에 초미의 관심을 기울이는 이유는 입소문이 잘못 나면 수 천억을 투자해 개발한 제품이 실패로 돌아갈 확률이 크기 때문이다. 입소문은 빠르고 그 효과가 지대하다.

시장중심 마케팅

현재 생존하는 위대한 혁신 기업가 빌 게이츠는 위대한 기업가가 어떻게 잘못될 수 있는지를 교훈으로 삼기 위해 헨리 포드 사진을 집무실에 걸어 놓았다고 말 한 적이 있다. 포드는 1920년~1933년 사이 시장 점유율이 55%에서 12%로 추락했다. 후발 주자 크라이슬러에게도 밀려 3위로 추락하고 만다. 찬란한 성공에 거만해진 헨리 포드는 "검정색으로 출시됨으로 고객이 다른 모든 종류의 컬러를 새롭게 입힐 수 있다"라고 억지 주장하면서 검정색 단일 색으로 T-모델 차량을 고집스럽게 생산해 냈다. 포드와는 달리 GM은 시장세분화로 각 소비자들의 소득 수준과 목적과 개성에 맞도록 다양화해서 시장에 판매하는 전략을 짰다. 검은색만을 고집하고 있는 포드와 달리 소비자의 욕구에 맞춰서 다양한 칼라의 차량을 생산했다. 소비자들의 충족되지 못한 욕구를 발견하고 그것을 충족시킬 방법을 마련한 GM은 생산 중심적인 포드를 제2의 자동차 회사로 밀어냈다. GM

슬론 사장은 만약 포드의 저런 과오가 없었다면 GM이 결코 포드를 이길 수 없었을 것이라고 말했다. 아직까지 포드는 미국 내 자동차 2위 기업으로 머물러 있다. 진취적인 기업은 모든 부서를 고객 주도적으로 만들지는 못해도 모든 부서를 고객 중심적으로는 만들어야 한다. 고객에게 헌신적이고 탁월한 성능과 발 빠른 서비스를 제공하며 약속과 시간을 꼭 지키고 합리적인 가격을 받는다. 최고 경영진이 직접 주요 고객을 챙기고 고객 가치를 개선하기 위해 끊임없는 혁신을 한다.

디트로이트시의 헨리 포드 기념관에는 헨리 포드는 "꿈을 꾸는 사람이었다."는 글이 있다고 한다. 그러나 시장을 보고 고객의 마음을 읽는 데에는 등한시한 것 같다. 소니사의 모리타 아키오 회장은 '나는 시장요구에 부응하지 않는다. 그것을 창조한다.' 정말로 선경지명이 있는 말이다. 포드의 생산중심에서, GM의 시장 고객 중심으로, 현대는 시장을 창조하는 기업이 주도적인 1등 기업이 될 수 있는 시대가 왔다. 고인이 되었지만 애플사의 스티브 잡스는 이 시대 신시장 개척자의 대표자라 할 수 있다.

현장형 마케터

과거 분석에 기반한 마케팅으로는 현재 소비자의 변화추이를 따라잡기란 거의 불가능하다. 마케터들이 시장조사에 근거하여 내놓는 마케팅 방안들이 기대했던 바대로 성과를 거두기란 어렵다. 현대자동차 삼성전자 등 일류 기업의 경우에는 현장에서 20년 이상 시장의 온갖 바람을 맞고 견뎌낸 현장 전문가들이 있다. 그들은 이론보다는 경험으로, 논리보다는 감으로 시장을 읽는다. 시간이 지나 분석해보면 그들의 느낌과 감이 오히려 정확한 경우가 많다. 마케팅에 대한 지식만으로는 소비자들에게 다가가는데 한계가 있다. 마케팅 관련 서적이나 지면에 발표되는 내용들을 보면 일반 분석 자료일 뿐 시장에서 효과를 볼 수 있는 방안들은 별로 없다. 사실 기업 내부를 들여다보면 외부에서 보기보다 마케팅 종사자들이 인정을 못 받는다. 그 이유는 간단하다. 현장 전문가들에게 시장을 보는 눈에서 밀리기 때문이다. 그러다 보니 밤새우고 고민하며 수립한 마케팅 방안들이 그들로부터 외면을 받는다. 작금의 기업 현실이다. 마케터가 전문가로 인정을 받으려면 우선 시장과 현장 그리고 고객을 경험해야 한다. 이토 스비시 대학 노나까 이쿠지로교수에 따르면 근로자는 현장의 직접 체험을 통해 감각적인 지식을 갖게 된다며 이것을 암묵지라 했다. 표현하기 힘든 직관이지만 토론하고 대화하면서 개념화시킬 수 있다. 이것을 매뉴얼로 만들 수 있는 단계에서 암묵지는 형식지로 탈바꿈한다. 여기서 끝나는 게 아니다. 매뉴얼을 통해 형식지를 현장에서 실천하는 과정에서 다시 근로자에겐 암묵지로 형성된다. 이러한 과정이 소용돌이처럼 반복되면서 새로운 지식이 창조된다는 것이다. 살아있는 지식인 것이다. 그런 지식이 요구되는 것이다. 현대자동차 마케팅 판촉방안은 현장의 체험을 수십 년 경험한 노련한 사람들이 많은 부분을 경험과 감에 의존해서 수립한다. 거기에는 정형화된 틀이나 이론은 없다. 현장의 목소리, 시장상황, 경기예측 등을 종합해서 현장 경험과 감각을 융화시키며 안을 짜낸다.

사관학교를 졸업하고 소대장 중대장을 해야 연대 작전 참모를 하듯이 현장을 겪어야 한다. 현대자동차에 근무할 때 외부 용역에 의뢰해서 시장을 분석해보고 대책을 의논해 보기도 했는데 역시 한계가 있었다. 비용이 아까울 때가 많았다. 그들은 외국 유수대학의 박사 아니면 최소한 국내 MBA라도 마친 소위 전문가들의 집단이었다. 지금 이 시각에도 상품의 성능대비 저렴한 가격을 부각해 광고한다거나, 제품의 작은 하나의 특징을 두드러진 차이로 인식 시키는 과장 마케팅을 한다거나, 흔하디 흔한 섹스어필 도구를 쓰는 본능 호소 마케팅에 몰두하는 마케터들이 있다. 시장과 소비자들은 매월 빠르게 저만치 가고 있다. 현장을 모르고 하이터치 감각 없이는 소비자의 마음을 사로잡을 수 없다. 어떤 제품을 홍보하는 것 같은 데 무슨 의미인지 모르는 광고를 자주 보는 것도 그런 결과에 기인한 게 아닌가 싶다. 우리 기업과 국가가 선진국의 문턱을 넘지 못하는 요인 중 하나는 현장을 두루두루 체험한 마케터가 부족하다는 것과 문화 마케팅이 취약하기 때문이기도 하다. 선진국들은 철저하게 현장부터 익히게 한다. 또한 은밀하게 문화 마케팅을 펼치고 상품을 살며시 접목시킨다. 마법적 가치, 신화적 가치, 종교적 가치, 인류학적 가치 등 태고적부터 인류의 사고를 지배해온 가치들에 우선 밀접하게 접근한다. 우리 마케터들이 현장을 보다 더 체험하고 인문학적 소양을 더 넓혀서 인간의 정신과 생활에 녹아있는 핵심에 자극을 줄 수 있는 그런 능력을 키워야 하겠다.

인문학 마케팅

(현대카드)

　현대카드, 현대캐피탈, 현대커머셜 임원들은 연말이 다가올수록 더 긴장하고 고민한다. 일 년에 한 번 열리는 포커스 회의에 대한 부담 때문이다. 정태영 사장이 직접 주제하는 회의인데 사업보고와 곁들여 창의적인 아이디어를 내야하는 부담 때문이다. 발표와 토론을 병행하면서 진행하는데 발표 내용의 참신성, 토론의 질 등 모두가 최고 경영진에게 본인의 실력을 보여줄 수 있는 기회이기도 하다. 또한 평가 순간이기도 하다. 그렇다 보니 몇 달 전부터 머릿속 깊숙이 부담으로 작용하여 고민하는 것이다. 실제로 해비치 포커스 전략회의 후에 잘된 임원과 그렇지 못한 임원이 있었기에 그 부담은 커질 수밖에 없다. 정태영 사장은 서울대에서 불문학을 전공하고 미국 MIT에서 MBA를 한 인문학과 경영학 모두를 두루두루 섭렵한 사람이다. 인문학적 사고, 참신한 아이디어, 독특한 홍보 광고, 창의 경영, 슈퍼시리즈 등 다양한 전략 전술로 현대카드, 캐피탈을 인류기업으로 키운 정사장의 창조경영 사례는 전문가, 학자들로부터 연구대상이 되고 있다. 그는 또한 열정적이고 순수한 사람이다. 현대캐피탈이 운영하고 있는 배구단의 경기가 벌어지는 날 가끔 경기장을 찾는다. 그는 일반적으로 사장, 회장들이 경기를 관람하듯이 그렇게 점잖게 보지 않는다. 열광하고 온몸으로 표현한다. 자리에서 벌떡 일어나 박수를 치고 소리를 지르기도 한다. 아쉬움에 머리를 숙이기도 한다. 시간이 허용하는 한 고객과도 어울린다. 소주와 맥주를 섞어 마시며 경청하고 본인의 의견을 진지하게 이야기한다. 남들과 같이 뒤로 빼지 않는다. 현대카드 정보유출 사건이 일어났을 때도 그는 직접 본인이 나섰다. 담당 임원이나 책임자를 내보내지 않고 본인이 직접 사과하고 수습하고 책임졌다. 그의 성격으로 보건대 그다운 행동이었다. 문제가 있으면 쉬쉬하지 않는다. 돌직구를 날리고 밤새워 해결책을 찾는다. 그런 열정과 자세가 사람들로부터 배경보다는 실력으로 회사를 성장시켰다고 인정받는 것이라 생각한다. 현대카드를 업계의 2위로 성장시킨 다양한 전략들을 보면 그의 풍부한 인문학적 소양과 창조경영 마인드를 알 수 있다. 그는 거의 일반인에게 알려지지 않은 다이너스카드를 인수하여 성장을 위한 다양한 전략들을 구사했다.

시장을 세분화시키고 연령, 남녀, 소비수준에 따른 다양한 카드를 출시했다. 알파벳 H.W.S.T.A.K.Z.U카드, 블랙카드, 퍼블카드 등 다양화로 성장의 기틀을 짰다. VVIP카드인 블랙카드는 초고소득층을 위한 카드로 전국 2,000명 내외로 관리되어 그 희귀성, 최고급 디자인으로 VIP카드의 대명사가 되었다.

문화 마케팅, 스포츠 마케팅에서도 일반 기업들이 생각지 못한 슈퍼급 마케팅을 펼쳤다. 슈퍼시리즈를 기획해서 슈퍼매치, 슈퍼콘서트, 슈퍼토크를 운영했다. 세계적인 테니스 스타 샤라포바와 비너스 윌리엄스의 슈퍼매치, 패더러 경기, 조코비치 경기, 광화문 광장을 뜨겁게 달궜던 스노보드 점프대회 등이 슈퍼매치 작품이다. 슈퍼콘서트는 20회 이상 진행하면서 국내에서 좀처럼 보기 힘든 세계적인 아티스트들을 초대하여 국민적인 관심을 끌게 했다. 플라시도 도밍고, 비욘세, 휘트니 휴스턴, 스티비 원더, 레이디 가가, 폴 메카트니 등이 그 주인공들이었다. 국내외 문화, 예술, 경영 등 다양한 분야의 전문가들이 강연자로 나서서 자신의 철학, 지식, 재능을 관람자와 공유하는 슈퍼토크도 좋은 호응을 얻고 있다.

여의도 본사 사옥을 한번 방문한 사람은 어리둥절했을 것이다. 카페북 같은 분위기, LED스크린이 잘 설치되어 영화관 로비에 와있는 느낌 또한 지하식당은 깔끔한 고급 레스토랑 이미지를 풍긴다. 사무실은 깔끔하고 단순한 디자인으로 안정감을 준다.

언젠가 사무실을 방문하여 고객용 의자에 앉은 적이 있었는데 단조로운 선의 의자였지만 몸에 착 붙는 느낌이 편안한 의자였다. 그 모던한 의자 가격이 나의 상상을 초월했다. 여의도 사옥은 학생, 기업인, 공무원들의 견학 코스로도 이용된다. 다양하고 창조적인 아이디어로 고속성장기를 넘긴 동사는 많은 부분에 있어 타사가 많은 부문을 모방하자 새로운 아이디어를 찾고 있고 제2의 도약과 안정을 이루기 위한 새로운 고민을 하고 있다.

지난 10년간 모든 것을 챕터1이라 하고, 챕터2라는 프로젝트를 통해 새로운 회사로 거듭나기로 한 것이다. 과거의 성공에 연연하지 않고 모든 것을 제로베이스에 두고 재탄생하기로 한 것이다. 카드 1.0이 획일의 시대였고, 카드 2.0이 기계적 선택기였다면, 챕터2를 통해서 유동적 선택의 시대인 카드3.0을 열어 업계의 룰을 바꿔보겠다는 포부다. 카드사간 경쟁이 심화되고 보안문제 등 국민적인 시선, 감독당국의 규제도 간과할 수 없는 문제였을 것이다.

　심플하게, 고민 없이, 편리하게라는 가치 아래 상품 수가 아닌 고객의 라이프스타일에서 인프라를 개발해 그 안에서 혁신을 찾는 것이 새로운 전략이라고 생각한다. 고객의 마음에 깊숙이 들어가 그의 마음을 읽고 고객이 고민하지 않고 결정하며, 함께함으로써 행복함을 느끼는 그런 변화와 전략을 기대한다.

마더 마케팅

더하기 빼기 공식만으로 셈을 한다면 가난뱅이가 부자가 되기는 어렵다. 대부분의 사람들은 더하기 빼기만으로 인생의 셈을 한다. 인생에는 곱하기 공식도 있다. 특히 도전의식이 충만한 기업가는 덧셈 뺄셈으로만 사업을 계산하지 않는다. 무모하다 싶을 정도로 곱셈을 하며 모험하고 성공한다.

현대 정주영 회장이 현대중공업을 일으켜 배를 수주할 때도 곱셈의 공식이 있었다. 수조 원에 거래되는 IT기업의 가치들은 5년, 10년 전의 가치를 생각해보면 도저히 덧셈 뺄셈으로는 계산이 안 된다. 다음과 카카오의 합병으로 카톡의 합병 후 가치를 1조 몇천억으로 계산하는데 그 액수는 불과 5년 전에는 상상도 못한 금액이었다.

민들레영토의 지승룡 사장은 단돈 2000만 원으로 카페를 차린 뒤

일 년 후 임대인으로부터 가게세를 인상해 달라는 요구를 받는다. 그는 현실적으로 건물을 구매할 돈이 없었음에도 그 건물을 사버렸다. 더하기 빼기를 한 것이 아니다. 역발상을 하여 곱하기 셈을 한 것이었다. 주변의 허름한 건물도 함께 인수하여 가게를 확장시킨 뒤 곱셈의 매출 증대로 가게대금을 내겠다는 계획이었다. 그렇게 해서 10평의 가게를 1년 후에 100평으로 넓혔다. 신학대를 나와 목회자의 길을 걷던 그는 교회가 그의 이혼 현실을 받아들이기 어렵다는 사실을 깨닫는다. 목사의 길을 포기하고 실업자로 지내면서 3년에 걸쳐 이천 여 권의 책을 읽으며 삶의 양분을 얻고 패배의식에서 벗어나 자유로움을 얻는다. 또한 절망감과 좌절감을 극복하여 삶의 의욕과 욕망을 찾는다.

가래떡 장사로 2000만 원 밑천을 마련하여 신촌역 근처에 그가 꿈꾸던 카페를 개업한다. 창업으로 카페를 선택한 이유는 실업자로 지내며 우연히 인사동 카페에 갔었는데 장시간 앉아 있자 주인이 나가라는 말을 해 자존심이 상했을 때 떠오른 아이디어를 실천한 것이었다. 내가 카페를 차려 우리 가게에 손님이 오면 어머니가 객지에서 온 자식을 맞이하듯이 정겹게 맞아드리자…. 우리 가게에 오신 손님은 절대로 쫓아내는 일이 없도록 하자. 자식을 쫓아내는 어머니가 어디에 있겠는가. 또한 자식 먹는 모습에 행복해하며 밥을 더 얹어 주던 어머니를 생각하며 돈 안 받고 리필을 해주기로 하자는 아이디어도 실천했다.

민들레영토에서는 문화비를 내면 카페에서 찻값은 받지 않는다. 민토차가 기본으로 나오고 커피, 레모네이드, 녹차 등 다양한 종류의 음료를 3번까지 리필해서 마실 수 있다. 라면, 빵 등 간단한 요기도 할 수 있다. 뿐만 아니라 영화, 책도 볼 수 있게 하였다. 처음에 시작한 무허가 건물 가게에서 음료를 팔 수 없기에 대안으로 시작한 문화비라는 개념이 아직까지 각 지점에서 지켜지고 있다. 강한 체험은 강한 기억을 남긴다. 고객을 감동시켜 우리 카페를 다시 오게 만들기 위해서 독서실, 세미나실, 연극 영화관 등 다양한 공간을 연출했다. 또한 오감을 느낄 수 있도록 시각적으로는 아름답게, 청각적으로 분위기 있게, 후각적으로 향기 있게, 촉각적으로는 부드럽게, 미각적으로도 맛있게 카페를 설계했다. 고객이 장시간 머문다고 해서 요금을 더 받든가 내쫓는다든가 하는 것에서 벗어나 고객이 오래 머물러 있음으로써 매출이 더 오르는 부가판매cross selling, 연관 판매 개념의 역발상을 하였다. 고객을 주인공으로 생각했다.

연예인들이 사업을 하다가 실패를 경험하는데 주로 고객을 중심으로 생각하지 않기 때문이다. 고객은 자신이 주인이자 하는데 스타가 주인공이면 고객은 스타를 위한 조연에 불과하기 때문에 두 번은 찾지 않는다. 고객은 자신이 주인공이 되고 싶어 한다. 술집에 가면 일하는 여성들이 남성들을 왕으로 받들며 자존심을 세워준다. 그러나 민들레영토에서는 자존심이 아니라 자존감을 느끼게 해준다. 어머니가 자식에게 쏟는 정성은 자존감이다. 자존심이 아니다. 네가 가장 귀하고 소중하다는 자존감이다. 너무 많은 것을 제공해줘서 손해가 날 것 같은데 매년 확장일로를 걷는 것을 보면 분명 아니다. 손님은 자신이 지출한 비용보다 더 큰 혜택을 받았다 생각하면 또 오게 되고 올 때마다 사람을 데리고 오니 손님이 많아진다. 손님이 많아지면 고정비에 대한 원가가 낮아지고 어느 순간 이익이 나며 점차 고객이 많아짐으로써 큰 수익을 얻는 개념이다.

민들레영토에서는 전 직원에게 김치KIMCHI운동을 공유케 하고 있다. - Knowledge & Insperation Motivate Creative Humanism Interactive - 즉 창조적인 상호간의 휴머니즘을 유발하고 촉진시킨다.

민들레영토의 자랑 도우미들에게 보내는 지사장의 마음을 담은 글이다.

> 나는 도우미 여러분들이 가지고 있는 선한 심성을 사랑합니다.
> 나도 손님들에게 하루 종일 서비스 하는 게 너무 힘들고 마음 상한 일이 있어서 혼자 눈물을 흘린 적도 있습니다.
> 너무 힘들었지만 어머니의 사랑으로 이겨냈습니다.
> 우리 도우미들이 어려움을 내색하지 않고 손님을 맞이하는 모습은 아름답습니다. 그 느낌은 아무리 작은 일에도 최선을 다하는 사람에게서 얻는 기분 좋음. 바로 그런 것입니다.
> 무슨 일이든 최선을 다하는 자세를 몸에 익혀가고 노동의 가치를 아는 여러분들을 믿고 사랑합니다.
> 우리는 아직 규모면에서는 최고가 아니지만 우리가 가진 창의력과 뜨거운 가슴으로 볼 때 이미 최고가 되었습니다.
> 머지않아 우리 민들레영토는 모든 면에서 최고가 될 것입니다. 그 바탕이 도우미 여러분이고 그 중심에 도우미 여러분이 서있습니다.

리더란 나를 따르라고 요구하지 않는다. 알아서 나를 따르게 만든다. 10년 만에 10평의 가게를 4,000평으로 키운 지승룡 사장의 마케팅 핵심은 어머니의 사랑이었다.

민들레영토를 성공으로 이끈 지승룡의 힘은 어머니의 사랑이었다. 감성 리더십과 마더 마케팅으로 고객들을 감성 공간에서 체험하게 하여 감성 고객들을 사로잡았다.

마더 마케팅은 어머니 사랑, 내 집 같은 평안함 연출, 다양한 문화 공간 실현, 자아실현 상담 프로그램과 같은 소통, 철저한 직원교육 등으로 지승룡의 영토에서 민들레꽃을 피웠다.

마케팅의 4P와 4C

조그맣고 허름하지만, 음식 맛이 제법 있어 손님이 줄을 서는 음식점에 걸려있는 문구다.

"손님이 짜다면 짜다."

슈퍼마켓 운영자 슈트 레오나르도는 2가지 규칙을 강조했다.

"규칙 1 – 고객은 항상 옳다.

규칙 2 – 만약 고객이 틀렸다면 규칙 1로 돌아가라."

마케팅의 대가 필립 코틀러는

"고객 기대에 부응하면 – 고객 만족,

고객 기대에 초월하면 – 고객 감동"이라 했다.

살아남는 기업은 거대한 기업도 아니고 제품과 기술력이 뛰어난 기업도 아니다. 고객의 마음을 가장 잘 읽고 그에 부응하는 기업이 살아남는다. 마케팅에서는 일반적으로 4가지 주요 요소로 접근해 분석하고 있다. 즉 상품product, 가격price, 촉진promotion, 유통place이고 이

것을 4P라 한다.

　주로 보면 판매하는 사람의 관점에서 개념을 기술하고 있다. 생산과 공급 위주의 산업사회에서 소비 위주의 고객가치 사회로 변화되고 있는 상황에서는 고객 관점에서 먼저 살펴볼 필요가 있다.

　4C로 표현되는 고객 가치customer value, 고객 측의 비용cost to the customer, 편리성convenience, 커뮤니케이션communication이다. 마케터는 먼저 고객의 4C를 잘 살펴본 다음 그 근거에 의해서 4P를 구축해야 한다. 마케터는 상품을 판매한다고 생각한 반면 고객은 가치와 필요를 구매한다고 생각한다. 그리고 고객은 가격뿐만 아니라 무수히 많은 욕구 충족에도 관심이 있다. 조화롭게 서로 아우르는 관점에서 생각해볼 필요가 있다. 현재는 고객만족을 넘어서 고객 감동 심지어 고객 기절, 고객 졸도라는 말까지 유행처럼 번지고 있다. 고객의 욕구 필요에 대한 속도가 회사 내부의 반응 속도보다 앞서간다면 그 기업의 끝은 가까워진 것이다. 생존하는 기업은 모든 부서를 고객 주도적으로 만들지는 못해도 모든 부서를 고객 중심적으로 만든다. 기업의 조직 전체가 영업 부서일 수는 없지만 영업 부서의 마인드를 갖고 있어야 한다.

　사람이 어머니의 희생적 사랑을 평생 그리워하며 살듯 고객에게 헌신하는 기업은 고객으로부터 충성스런 사랑을 받는다.

　필립 코틀러는 다가오는 10년 안에 마케팅은 A부터 Z까지 다시 설계될 것이라 했다. 산업 사회를 계승한 정보 사회는 일상생활의 거의 모든 면에 변화를 일으킬 것이고 디지털 혁명은 우리의 공간과 시간, 질량의 개념을 기초부터 바꾸고 있다. 구태의연한 판매방법을 고집하는 기업은 서서히 시야에서 사라질 것이라 했다. 변화의 큰 소용돌이에 잘 적응하는 자만이 살아남는다. 고객의 마음에 부응하고 헌신하는 기업만이 생존한다.

우수 영업사원

기업들은 소수의 고객이 자사매출의 큰 부분을 차지하고 시장 점유율 제고에 기여한다는 것을 잘 알고 있다. 또 그런 고객이나 업체는 오피니언 리더로서 일반고객에게 많은 영향을 준다. 이런 주요고객들을 관리하는데 그 고객에 대한 담당자를 임명함으로써 고객의 요구에 부응하고 밀접관리로 고객과의 관계를 증대한다. 주요 고객 담당자는 해당 업체의 판매와 시장점유율 그리고 고객의 만족 수준으로 평가받는다. 국내 자동차 회사들도 대리점, 영업사원들을 활용해서 판매를 하지만 버스, 렌트카, 택시 등의 업체에는 담당직원을 둬서 관리하고 있다.

제품력과 가격이 서로 엇비슷한 경우에는 담당자의 역할이 중요하다. 성공적인 판매 뒤에는 고객의 요구에 잘 부응하고 때로는 감동을 주는 이벤트도 적절히 해서 고객관리를 잘한 담당직원의 희생이 있다. 어떤 영업사원은 판매에 탁월한 재능이 있다. 그들을 보면 중동의 사막 한복판에서도 살아 돌아올 수 있는 능력이 있을 것 같고, 남극의 빙하 한가운데서도 생존할 수 있을 것 같은 강함이 있다. 그런 영업사원들은 평균적인 사원보다 2~3배 많이 판다.

본사 판촉팀장으로 근무하고 있을 때였다. 현대자동차의 경우 사무실 구조가 해당 사업부별로 확 트여 있어서 넓다. 어느 날 입구 쪽에서 누군가 큰 소리로 자기소개를 외치는 게 아닌가. 보안이 잘 돼 있어서 잡상인이나 시위꾼이 들어 올리는 만무하고…. 사무실 안에 많은 직원들의 눈이 입구로 쏠렸다. "저는 판매를 담당하고 있는 최진실 입니다. 지난해 제가 150대를 판매하여 전국 최우수 직원으로 선정되었습니다. 기쁨을 같이 하고자 이렇게 인사드립니다." 라고 큰 소리로 외치고 사무실을 돌며 명함을 돌리는 것이었다. 오랜 기간 본사 근무했지만 이런 광경은 처음이었다. 그는 나비넥타이를 매기도 하고 고등학교 교복이나 교련복 심지어 결혼 연미복을 입고 고객을 만나기도 했다. 자기를 홍보하기 위한 색다른 열정의 수단이었다. 그는 KBS의 인간극장, VJ특공대, EBS의 맛수 등 언론에 많이 소개된 바 있는 영업사원이다. 오늘날까지 매년 우수직원 명단에서 그 이름을 찾을 수 있다.

지방에서 지역본부장을 할 때 강원도에 있는 모 버스업체를 방문했다. 업체 사장은 우리 회사 담당 직원에 대한 칭찬을 아끼지 않았다. 그 회사는 현대자동차 버스보다 경쟁사 버스를 구매하는 말하자면 비우호 업체로 격파대상인 업체였다. 칭찬의 요지는 비가 오나, 눈보라 치나 매일 우리 직원이 그 회사를 방문한다는 것이었다. 그 회사에서 보면 현대 버스를 구매하지도 않는데 매일 오는 우리 직원에 대해서 미안하고 부담을 느꼈던 것 같다. 아무튼 오지 말라고 해도 오고 필요하면 전화할 테니 그때 오면 된다고 하여도 매일 방문해서 인사를 올리고 가더란다. 그 회사에서 상당한 양의 버스를 구매해주는 회사의 담당 직원은 안 오는데 한 대도 사주지 않는 우리 회사 담당 직원은 매일 방문을 하니 성실성과 꾸준함이 대비되더라며 칭찬하는 것이었다.

마침 그 버스회사에서는 그 무렵 대차계획이 있을 때였다. 경쟁 회사에서는 올해도 당연히 자기회사 버스를 종전처럼 구매해줄 것이라 믿고 방심하며 모든 면에 소홀하였다. 매일 버스업체를 방문한 담당 직원으로부터 구매정보를 입수하고, 지점장과 함께 전략적으로 공략하여 현대버스를 판매한 적이 있었다. 버스업체 특성상 처음 판매하기가 힘들지 초도판매 후에는 재판매하기는 쉽다. 지금은 완전히 현대자동차 우호업체로 현대버스만을 운행한다. 담당직원의 꾸준하고 성실한 관리가 판매를 가능케 한 경우이다.

피터 드러커는 '만약 우리가 고객 중심으로 움직이지 않는다면 우리의 자동차도 움직이지 않을 것이다.' 라고 말하였다.

■ 고객에게 사랑받는 네 가지 비밀

1. 기다릴 줄 안다.

고객에게 사랑받는 사람들은 기다리는 시간이 헛되다고 생각하지 않고 오히려 즐거운 시간으로 바꾸며 꾸준히 고객과의 관계를 유지한다. 재촉하지도 않고 부담 주지도 않으며 즐거움을 주려고 노력한다.

2. 고객에게 요구를 하지 않는다.

고객의 마음을 헤아릴 줄 아는 사람은 사랑받는다. 고객보다 똑똑

하지 않고 겸손할 줄 알며 편안함과 여유가 느껴지도록 애쓴다. 고객에게 지나친 요구를 하지 않으며 과잉 친절이나 배려로 부담을 주지도 않는다.

3. 고객에게 의지가 된다.

무슨 일이 생겼을 때 든든한 의논 상대가 되어준다. 인내심이 강하고 일관성이 있어 신뢰가 가는 사람이다. 고객의 실패도 진심으로 걱정해주며 험담이나 나쁜 소식에 침묵할 줄 알고 자기 자신에게서 멈춘다. 위로나 충고를 할 때는 고객의 입장을 충분히 헤아려 생각한 뒤 감정에 치우치지 않고 객관적으로 말해준다. 고객은 이런 사람에게 신뢰감을 느끼고 마음을 연다.

4. 고객을 높여준다.

누구에게나 한두 가지 단점은 있다. 사랑받는 사람들은 남의 단점보다는 장점을 찾아내고 이를 칭찬할 줄 안다. 하지만 무턱대고 칭찬하는 것이 아니다. 고객을 잘 이해하고 개성이나 약점까지도 감쌀 줄 알아야 한다. 그리고 자기 자신을 사랑하면서 행복한 마음으로 고객을 사랑하는 것이다.

고객은 사랑받으므로 행복해하고 도와주려는 마음이 생긴다. 우수 영업사원의 제일의 조건은 고객에게 사랑받는 것이다.

제 2 장

스토리가 있는
인문학 지혜

**인문학
마케팅**

리더의 책임감

심리학자 섀드 햄스테터에 따르면 사람들은 하루에 깊이 잠자는 시간을 빼고 보통 20시간 동안 5~6만 가지의 생각을 한다고 한다.

오만가지 생각을 한다는 말이 있는데 틀린 말이 아니다. 그런데 이런 생각의 80% 이상이 부정적인 생각이라는 것이다. 에디슨은 전구 발명을 위해 1만 5천 번의 실패에도 절망하지 않고 긍정의 DNA를 그때마다 이식하여 성공했다.

수학자들은 실패를 확률로 말하고 과학자들은 실패를 실험이다라고 하며 영업인들은 거절을 계약의 한 과정이라 여긴다.

훌륭한 영업인들은 몇 차례 거절당해도 좌절하지 않고 희망을 버리지 않는다. 거절을 당하면 당할수록 계약을 할 확률은 높아진다고 믿는다.

어떤 영업의 달인이 한 말이다.

나의 어머니께서 이 못난 자식을 위해 당신의 삶을 희생했던 것만큼은 못할지라도 난 나의 모든 것을 걸고 헌신적으로 고객을 대하려고 노력한다. 나는 고객의 요청에 즉각 답하기 위해 핸드폰을 늘 끼고 잠을 잔다. 내 핸드폰은 24시간 내내 고객을 위해 대기하고 있다.

실패 앞에 무릎 꿇지 마라.

모험하라…. 오늘도 내일도 모험하라. 계속 모험하라.

그들이 생환할 수 있었던 것은 절망을 이겨내고 생존의 희망을 간직하며 새클턴의 리더십에 따랐기 때문이었다. 끝까지 책임지는 것이야말로 그의 리더십이었다. 대원들은 그를 믿었기 때문에 살아남을 수 있었으며 위대한 인간승리의 주인공들이 될 수 있었다.

어느 날 다음과 같은 모집 광고가 나왔다.

"대단히 위험한 탐험에 대원을 구함.

급여는 작고 혹독한 추위와 암흑세상에서 여러 달을 보내야 함.

탐험에는 끊임없는 위험이 도사리고 무사귀환의 보장도 없음.

그러나 성공할 경우 명예와 사랑과 인정을 받게 될 것임."

많은 수의 지원자중 탐험에 합류한 사람은 28명이었다. 1914년에 어니스트 새클턴은 이들과 함께 남극대륙을 탐험할 계획이었다. 인내하는 자가 승리할 수 있다는 의미로 탐험대 배의 이름을 인듀어런스호로 명하고 호기 있게 출발했다. 그러나 항해 중 부빙 사이에 갇혀 5개월을 보냈고 남극의 해가 없는 암흑 속에서 79일간 견뎌야했다. 얼음이 녹으면서 갈라진 부빙들이 배와 충돌했다. 거대한 바이스마냥 꽉 물고, 거대한 압력으로 조여 오는 부빙들의 협곡 속에서 인듀어런스호는 극한 상황에 처하게 되었다. 탐험대는 어쩔 수 없이 짐을 최소화하고 행군하기로 한다. 기나긴 행군 끝에 드디어 어렵게 엘리펀트섬에 도착했다. 새클턴은 22명의 대원들을 남겨놓고 5명만 데리고 보트에 올라탔다. 끝까지 무사귀환을 포기하지 않았던 것이다. 그리고 정말 기적처럼 사우스조지아 산의 서쪽 해안에 닿았다. 포경기지에 도달하려면 산을 넘어야 했다. 갖은 고초를 겪으며 마침내 그들은 기지에 도착했다. 그러나 그들은 엘리펀트 섬에 남겨놓고 온 사람들을 구출하기 위하여 영영 못 돌아올지도 모를 미지의 바닷길을 다시 거슬러 올라가야 했다. 마침내 그들이 탄 배 위로 엘리펀트 섬이 눈앞에 보이기 시작했다. 쌍안경을 집어든 새클턴은 섬에서 손을 흔들고 있는 대원들의 숫자를 세기 시작했다. 한 사람도 죽지 않고 22명이 손을 흔들고 있는 게 아닌가. 눈시울이 뜨거워졌다. 마침내 그는 남겨놓고 온 22명의 대원들도 모두 살려냈다. 리더란 책임지는 사람이다. 새클턴과 27명의 대원들은 결국 남극횡단에는 실패했지만, 실패로 끝나지 않고 그 어떤 성공보다 위대한 것을 이뤄냈다.

27명의 생명과 영국을 떠난지 760여 일만에, 사우스조지아 섬을 출발한지 635일 만에 문명세계로 귀환한 것이다. 남극에서 630여일을 버티며 어떤 악조건 속에서도 절망하지 않고 불굴의 의지로 극복했다. 도전과 모험의 위대함을 일깨워 준 것이다.

리더란 희망을 노래하며 끝까지 책임지는 사람이다.

리더의 고독, 외로움 견디기

모두가 올라가고 싶어 하는 정상

누군가가 얘기했다. 산꼭대기에 외로이 홀로 서 있는 한 그루의 나무처럼, 홀로 거친 비바람, 휘몰아치는 눈보라를 견디고 있어야 한다. 그런 고통, 고독을 견뎌내지 못한 자는 정상에서 내려올 수밖에 없고 혹 버틴다 하여도 누군가의 반격에 의해서 밀쳐진다.

정상에 선 사람, 리더들에게는 외로움을 어떻게 견뎌내느냐가 중요하다. 재직 중인 대통령에게 친구가 있었을까. 이병철 회장이나 정주영 회장이 기업을 운영할 때 회사 내 친구가 있었을까.

사관학교 동기면 동기간에 우정이 끈끈하고 졸업 후 동기 모임이 거의 평생 유지되며 일생의 친구로 살아가는 것을 본다. 전두환 대통령과 노태우 대통령은 고향도 같고 사관학교 시절 특별히 친하게 지낸 친구였다. 전두환 장군이 대통령이 되자 친구의 관계는 군신의 관계로 바뀌었고 거의 90도로 인사하는 노태우 대통령을 TV에서 보았을 것이다. 정상의 자리에 올라가면 자의든 타의든 친구는 없어지고 만다. 그래서 더욱 외롭다. 고독하다.

그리고 주변에 굶주린 이리떼들이 득실거려 공포와 무서움을 늘 달고 다니며 조심 또 조심해야 한다.

한번 올라가면 마음대로 내려올 수도 없는 자리가 정상의 자리다. 현대자동차 정몽구 회장이 물러나는 임원에게 다음과 같은 말을 했다고 전해지고 있다.

"자네는 참 좋겠다. 마음 편히 물러나 쉴 수도 있으니까…"

수십만 명의 직원들, 국가경제에 큰 비중을 담당하는 그룹을 책임지고 있는 회장 입장에서 골치 아픈 일이 있어도, 그만 쉬고 싶어도, 일에서 벗어나고 싶어도 마음대로 할 수 없는 본인의 심정을 토로한 말이 아닐 수 없다.

회장이 잘 가는 한정식집 여사장에게 들은 얘기인데 저녁을 곁들인 약주에 흥이 오르면 기사에게 테이프를 가지고 오란다고 한다. 방에서 좋아하는 노래를 소형카세트로 들으면서 흥과 시름을 달래는 것이다.

일반인들 같으면 소주 한잔에 기분이 좋아지면 주점이나 노래방에 가서 기분을 돋우지만 얼굴이 잘 알려진 회장님이니 그럴 수야 없지 않겠는가?

노부나가가 반죽하고 히데요시가 만든 천하라는 떡을 간단히 먹어버린 도쿠가와 이에야스에게 친구가 없었다. 친구라고 부를 수 있는 존재도 전혀 없었고 그는 친구를 두려고도 하지 않았다. 사람을 못 믿는 그였기에…. 그는 부하는 필요하지만 친구 따위는 단 한 명도 필요하지 않다고 하며 그 이유로 친구는 피해만 줄 뿐 이익을 주지 않기 때문이라 했다.

그는 나라를 통치할 때 친구에게 의지하는 일은 없었다.

"사람의 일생은 무거운 짐을 짊어지고 먼 길을 걸어가는 것과 같기 때문에 절대로 서두르면 안 된다"며 인내와 기다림의 세월을 보냈다. 그는 울지 않는 두견새는 울 때까지 기다려야 한다며 조급해하지 않고 때가 오기를 기다려 천하를 얻었다.

익은 감은 가만히 내버려 둬도 떨어진다. 그는 전쟁을 종식시키고 평화를 가져오게 한, 마상에서 칼로 천하로 얻었지만 무력으로 정치를 해서는 안 된다며 100여 년 동안 무사들이 이루려 했으나 실패한 일, 즉 일본 전역에 지속적인 평화의 시대를 연 일을 성공적으로 이룩했다. 도쿠가와 막부시대의 평화가 264년이나 계속되었다.

진정한 리더들은 외롭다고 인간의 욕망에 그들을 맡기지 않는다. 특히 주색을 경계한다. 고독하다고 친구에게 의지하지 마라. 외로움과 고독은 산꼭대기 소나무처럼 홀로 비바람 맞으며 견뎌야 하는 것이다. 정몽구 회장처럼 홀로 삼키는 것이며, 도쿠가와 이에야스처럼 뚜렷한 목표에 집념을 보이며 인내해야 하는 것이다. 미래학자 피터 드러커는 대통령이 지켜야 할 6가지 규칙에서 대통령은 행정부 내에 친구를 두어서는 안 된다고 하였다. 인간의 욕망에 자신을 맡기지 않고 외로움과 고독을 견디는 것, 어렵지만 우리시대의 리더들에게 꼭 필요한 자질이다.

배수의 진 – 발상의 전환

배수의 진(자신의 목표를 이루고자 한다면 목숨을 걸어라) 무슨 일을 하고자 할 때는 마음의 안식처, 돌아갈 곳이 없어야 한다. 죽음을 무릅쓴 절명의 순간으로 자신을 내몰아라.

한신의 배수의 진

한나라 대장군 한신은 위나라를 멸망시키고 그 기세로 조나라로 진격한다. 조나라 왕은 험준한 정형지역에 20만 대군을 집결시켜 놓고 한신을 기다린다. 조나라 성안군은 병법에 의하면 병력이 열 배가 되면 적을 포위하고 두 배가 되면 정면 대결하라고 했다면서 한신의 군대는 수만에 불과하니 정면 대결을 피하면 겁쟁이가 되고 속임수를 쓰면 의로운 군대가 되지 못한다면서 정형지역의 험지를 이용하자는 광무군의 전술에 반대한다. 결국 조나라 왕은 성안군의 전술을 받아들여 20만 대군을 정형지역에서 30리 떨어진 곳에 진을 쳤다.

정보를 접한 한신은 쾌재를 부르며 병사 2천 명을 조나라군 진영의 근처에 매복시킨다. 한나라 군대의 붉은 깃발을 주면서 조나라 군대가 성에서 나오면 성안으로 침입해 깃발을 꽂으라고 명한다. 그리고 한신은 1만여 군사들에게 강물을 등지고 진을 치게 한 다음 본대를 몰아 조나라 진영으로 진격한다. 두 진영은 수차례 전투를 하고 한신의 계획대로 한나라 군대가 퇴각하자 조나라 군대는 추격한다. 이때를 틈타 매복해 있던 한나라의 2천여 병사들은 조나라의 빈 성안으로 들어가 성벽의 깃발을 모두 한나라의 것으로 바꾸어 버렸다. 승기를 잡았다고 생각한 조나라 군대는 드디어 배수의 진을 치고 있는 한나라 군대와 일전을 벌인다. 퇴각을 하려고 해도 뒤에 강물 때문에 더 이상 물러설 수 없었던 한나라 군사들은 필사즉생의 각오로 싸워 조나라 군대를 무찔렀다. 조나라 군대는 후퇴하여 성으로 돌아가려 했으나 성안은 이미 한나라의 붉은 깃발이 휘날리고 있었다. 어쩔 줄 몰라 하는 조나라 군대는 앞뒤로 공격해오는 한나라 군대에게 패했다. 불과 2만의 병력으로 20만 대군을 무너뜨린 전투였다. 전투가 끝난 후 한신의 장수들이 병법에 의하면 산을 등지고 강을 앞에 두고 진을 치라 했는데 장군은 오히려 반대로 해서 승리를 했으니 이해할 수 없다 하였다.

한신은 이에 자신의 배수의 진 또한 병법에 있는 것이라 하며 사지에 처하면 죽기를 각오하고 싸우기 때문에 살아난다는 병법의 원리를 활용했을 뿐이라 말했다.

필사즉생, 배수의 진은 바로 발상의 전환이 가져다준 승리였다.

신립의 배수의 진

도요토미 히데요시는 20만 병력으로 1592년 조선을 침략한다. 이에 조선은 팔도 대원수 신립으로 하여금 왜군을 격퇴하라 한다. 그는 충주에 군사를 주둔시킨 뒤 작전회의를 한다. 부하 장수들에게 새재나 탄금대 두 곳 중 어느 쪽이 유리할 것 같냐고 묻자 왜적은 대병력이어서 정면으로 전투를 하기보다는 지형이 험한 새재의 험지를 이용해 물리치는 게 좋겠다는 의견을 내놓는다. 하지만 신립은 우리군 주력은 기병이니 탄금대 벌판에서 적을 격파하는 게 더 효과적이라 생각했다. 또한 전쟁 경험이 없고 훈련이 안 된 군사들을 못 미더워했다. 결국 탄금대 앞에 배수의 진을 쳤다. 왜군은 아무런 저항 없이 새재를 넘었다. 그들은 조령의 험한 산새를 염려하여 수차례 정찰대를 보내 복병을 확인하였으나 염려한 복병이 없음을 알고 신속히 조령을 넘은 것이다. 새재를 넘은 왜장 가등청정 등은 그 당시 조선의 최정예 부대 신립과 탄금대에서 일전을 벌인다. 그러나 조총으로 무장한 왜군에게 신립의 군대는 패하고 만다. 신립 장군은 패전의 한을 품고 남한강에 투신 자결하였다. 그는 문경새재의 험지를 이용하지 않고 왜 탄금대에 배수의 진을 쳤을까? 명나라 장수 이여송도 탄식했다고 한다.

이 같은 아쉬움이 수수께끼 같은 전설로 이야기되고 있다.

신립이 젊은 시절 새재를 넘게 되었다. 산속에서 하룻밤 잘 곳을 찾다가 한 채의 집을 발견한다. 밤이 깊어갈 즈음 문밖에서 한 여인의 소리가 들렸다. 열어보니 집주인인 여자였다. 그 여인은 "평소에 제가 흠모하던 장군님이 저희 집을 찾아주셨습니다. 하늘의 뜻인가 봅니다. 저를 받아 주십시오." 라고 간청을 하는 게 아닌가. 신립은 마음이 흔들렸으나 이내 정신을 가다듬고 근엄하게 꾸짖었다. 여인이 계속 애원했지만 신립은 냉정하게 거절하였다. 다음날 아침 하룻밤 신세진 일에 감사인사를 하려고 여인의 방문 앞에서 인기척을 했으나 조용할 뿐이었다. 불길한 예감에 방문을 열어보니 방안에는 여인이 목을 맨 채 매달려있는 게 아닌가…. 여인은 수치심을 못 이겨 자결하고 만 것이었다. 그리고 몇 해가 흘러 왜적이 침략했다. 신립은 군사를 새재에 매복시키고 대비를 하고 있었다. 그러던 어느 날 꿈에 그 여인이 나타난 것이다. 그리고 신립에게 장군! 이 새재는 진을 칠 곳이 아닙니다. 차라리 새재를 버리고 강가에서 적을 막는 것이 더 효과적일 겁니다라고 간곡히 말하는 것이 아닌가. 그도 배수의 진을 치고 죽기를 각오하고 싸운다면 적을 막을 수 있을 것이라 생각했다. 결국 신립은 그 여인의 말이 자꾸 걸려 탄금대에 배수의 진을 쳤다. 아마 후세에 누군가가 새재의 험한 계곡을 이용하지 못하고 탄금대에 무리하게 배수의 진을 쳐 전투에 패배한 아쉬움을 달래기 위해 지어낸 이야기일 수도 있다. 준비와 훈련이 덜 된 상태에서 목숨을 담보로 한 전략은 용기 있는 행위라기보다 무모에 가까운 자살일 수도 있다.

이스라엘은 영토와 인구가 작기 때문에 처음부터 세계시장을 겨냥해서 창업을 한다고 한다. 세계시장에서 성공하고자 처음부터 세계시장을 겨냥해서 출발하는 것이다. 일종의 배수의 진을 치는 것이다. 내수시장에서 성공한 뒤에 세계시장으로 진출하고자 하는 기업이 많은데 성공한 기업이 많지 않다. 왜냐하면 세계시장에서 실패할 경우 항상 돌아갈 곳이 있기 때문이다. 반면 이스라엘은 내수시장이 없어서 세계시장에 발 못 붙이면 죽는 것이다.

젊은이들이 창업을 해서 세계시장으로 나아가는데 많은 지원을 아끼지 않는 나라가 이스라엘이다.

반면 우리나라의 경우 흔히 약사, 미용사 등의 직업에는 여성분들이 많은데 다는 아니지만 일반적으로 그분들의 남편들 중에 셧다족이 많다는 것은 곱씹어볼 문제다.

미국의 사상가 헨리 소로는 "대부분의 사람들은 절망 속에서 조용히 살아가고 있다."고 했다. 그러나 아이러니칼 하게도 염세 철학자 쇼펜하우어는 "온갖 협잡으로 게임이 진행되는 이 세계에서 살아남기 위해서는 강철 같은 기질과 운명의 일격을 막아낼 갑옷, 그리고 사람들을 밀치며 나아가기 위한 무기를 지녀야 한다."고 했다.

그렇다. 배수의 진은 죽음을 담보로 한 필사생의 전법이다.

매사에 전력을 다하라는 의미가 크다.

포기는 죄악이다.

베이비붐 세대 중 앞선 세대는 중학교 입학하기 위해서도 시험을 봤다. 고등학교, 대학교를 졸업하려면 기본적으로 3번은 시험을 치렀다. 명문중학교를 가기 위해서 초등학교 때부터 재수를 하는 경우도 흔했다. 필자가 대학에 가서 보니 반수 이상이 재수경험이 있었다. 하기야 서울대를 가려고 삼수, 사수도 했던 시절이었다. 어릴 때부터 실패와 좌절을 겪으며 포기하지 않고 굳건히 버텨준 우리 베이비붐 세대에게 경의를 표한다. 고교시절 선생님이 힘내라며 자주 인용했던 영국 수상 처칠 이야기다.

포기는 자살과 같다. 그는 팔삭둥이로 태어나 어릴 때부터 잔병치레를 많이 하며 자랐다. 잇따른 선거에서 낙선으로 우울증을 앓기도 했지만 66세에 수상으로 당선되어 2차 세계대전을 승리로 이끌었다. 독일과의 불리한 전황 속에서도 유머와 웃음을 잃지 않고 파이프를 입에 물고 여유로운 표정을 지으면서 국민들에게 호소하였다.

"아무리 큰일이거나, 아무리 작은 일이라도 포기하지마라. 명예와 현명한 판단에서가 아니라면 절대 포기하지마라. 상대의 힘에 눌려…. 상대가 아무리 압도적으로 우세한 힘을 가졌더라도 절대로 포기하지 마라. 절대로… 절대로… 절대로…"

헤겔은 정신현상학의 주인과 노예의 변증법에서 "주인이란 동물적 목숨 곧 생계를 걸고 인정투쟁을 포기하지 않은 사람이고, 노예란 동물적 목숨 곧 생계를 부지하기 위해 인정투쟁을 포기한 사람이다." 라고 하였다. 전쟁에서 패하는 것은 주인 됨을 포기하는 것이다. 일이 뜻대로 안 되고 머리가 복잡할 때 나는 부모님 산소를 찾는다. 부모님의 억척스러운 삶을 회상하며 힘을 얻고 마음을 다잡는다. 진급이 누락되면 대기만성이라 위안을 삼으며 인내하였고, 나보다 여러모로 앞서 나가는 사람을 보면서는 인간의 세 가지 불행중 하나 −소년등과少年登科 불득호사不得好事− 어린 나이에 관직, 성공에 이르면 곤란을 겪는다.를 생각하며 나를 추스렸다.

신은 사랑하는 사람에겐 시련을 줘서 단련시킨다. 그렇게 생각하며 도전했던 것이다.

1966년 태어난 조엔 K 롤링Joan K. Rowling은 대학에서 불문학을 전공했다. 결혼 3년을 못 넘기고 파경 한 그녀는 3살 난 딸과 가방 하나만을 들고 영국으로 돌아왔다. 무명의 실업자이자 딸 가진 이혼녀인 그녀는 경제적인 어려움으로 자살까지 생각했지만 공상과 상상으로 즐겼던 이야기를 작품으로 쓰기로 결심한다. 첫 번째 시리즈 해리포터와 마법사의 집필을 끝내고 출판을 위해서 여러 군데 문의를 한다. 심지어 복사 비용이 없어서 팔만 단어에 이르는 방대한 원고를 또다시 타이핑 해가며 출판사의 문을 두드렸다. 드디어 한 출판사와 2천 달러에 출판 계약을 한다. 그렇게 조엔 K 롤링의 마법의 인생 성공스토리는 시작된다. 해리포터는 세계 거의 모든 언어로 번역되었고 5억 만 부 이상 판매되었다. 재산 1조 원의 거부가 되었으며 자수성가한 여자부자 중 세계 14위에 올라있다. 2008년도 하버드대 졸업축사에서 그녀는 졸업생들에게 이렇게 말했다.

"여러분은 저처럼 큰 실패를 안 하였을 겁니다. 하지만 앞으로 인생에서 몇 번의 실패는 피할 수 없을 것입니다. 또한 실패 없이는 진정한 자아에 대해, 진정한 친구에 대해 결코 알 수 없을 것입니다. 이것은 인생에 있어서 그 어떤 자격증보다 가치가 있습니다. 실패를 두려워해 아무것도 하지 않는 것이 가장 큰 패배입니다." 그녀는 인생 밑바닥을 딛고 강해졌으며 실패가 현실이 되어버린 사실을 직시하여 그 실패를 뛰어넘는 인생 성공스토리를 썼다. 그녀의 삶은 운명에 굴복하는 과정이 아니라, 오히려 그것에 맞서 그 운명을 굴복시키며 나아가는 가련하지만 질긴 모성의 몸부림이었다. 아직까지 그녀의 이야기는 계속되고 있으며 해리포터로 인한 관련 부분의 파급효과는 가늠조차 어렵다. 책의 인지 수입만으로 1조 원이상 이라면 영화, 상표, 강의, 디자인 등으로 들어오는 수입은 상상을 초월할 것이다. 포기하지마라. 절대로… 절대로… 절대로….

컬쳐 코드

컬쳐 코드란 한 국가나 사회 또는 민족의 삶, 가치관, 신앙, 관습 등을 결정짓는 중요한 요인을 이르는 것으로 프랑스 문화인류학자인 클로테르 자파이유가 사용한 말이다.

자동차 시장을 보더라도 자동차 외관이 민족이나 국민의 기호에 따라 달라진다. 중국의 경우 체면을 중시하는 경향 때문에 화려하고 큰 것을 선호한다. 그래서 차량의 전장을 늘려서 외관을 키우고 라디에이터그릴, 램프 등을 화려하게 장식한다.

유럽시장의 경우에는 프랑스, 이태리 등은 해치백스타일의 소형차를, 독일이나 북유럽은 세단형의 큰 차를 선호한다. 물론 다양하고 전통적인 문화적 배경으로 소비자 또한 세련되고 독특하여 세계 어느 지역보다 다양한 욕구가 있지만 크게 봐서 그렇다는 것이다.

미국의 경우 개인주의, 실용주의 성향이 강하고 전통적인 세단형의 스타일에 힘을 중시한다. 크라이슬러사의 랭글러 제품은 한때 SUV 시장에서 대표 차종이었다. 그러나 어느 순간 시장에서 외면당하고 있었다. 이때 부진 만회를 위해 라파이유 박사팀이 투입된다. 조사결과 랭글러에는 미국인들에게 넓은 들판을 질주하거나, 험한 장애가 있는 길이라도 거침없이 달리는 말의 이미지가 있음을 밝혀냈다. 그리하여 디자인에 질주하는 역동적인 말의 이미지를 구현하기로 하고, 쇠창살 그릴, 원형 전조등으로 외관을 바꿨다.

더불어 광고도 산속에서 위기에 빠진 어린아이를 구출하기 위해 산악지대를 질주하는 장면, 서부영화의 주인공이 말을 타고 석양 속으로 사라지는 모습과 대비하여 연출하였다. 강한 이미지의 디자인, 미국인들의 역사나 향수를 자극하는 광고로 랭글러의 판매는 제 위치를 찾았다.

추억과 향수를 자극하는 마케팅을 레트로 마케팅이라 하는데 오리온제과의 "초코파이 정", 독일 폭스바겐의 "딱정벌레차"가 변함없이 인기를 끄는 이유는 추억과 향수를 자극하게 하는 마케팅의 힘임은 바 크다 할 수 있다.

마케팅에서 민족성, 한 국가의 전통, 관습, 가치관 등을 헤아려 방안을 수립하는 것이 글로벌 시대에 필수가 되었다.

영업사원의 아내

지점장을 할 때다. 일 년에 두 차례 가족 동반 모임을 했다. 봄이나 가을 야유회 한번, 연말 송년회 때 가족동반 모임을 갖는 것이다. 지금이야 그런 일이 없겠지만 필자가 지점장을 할 때만 해도 영업을 한다고 하면 일반적으로 홀대하고 스스로 비하해서 생각하는 경향이 없지 않았다. 야유회 저녁 모임을 끝내고 맥주 한잔을 하면서 직원 부인들과 담소를 하고 있었다. 영업을 하는 ㅇ과장 부인이 다음과 같은 이야기를 들려주었다. ㅇ과장은 성실했고 물론 실적도 좋았다. 부인도 참하고 예뻤으며 자녀를 두 명 두고 나름대로 잘살고 있었다. 큰 애가 반에서 반장이 되어 학교 임원모임에 나가면서 임원들끼리 차, 식사모임을 자주하며 자연스럽게 애 아빠의 직업이야기가 나왔단다. 교수, 의사, 변호사, 중소기업 사장 등 그럴듯한 남편직업을 가진 부인들이 대부분이었는데 괜스레 기가 죽더라는 것이다. 뭐 그런가 보다 하며 지내고 있었는데 학교임원 한 사람으로부터 전화가 왔다. 집에 차량을 구매하는데 애 아빠 퇴근하면 설명 좀 해달라는 전화였다. 애기 아빠가 퇴근했기에 그런 얘기를 하니 같이 가자 한다. 카타로그, 가격표를 챙겨서 근처 아파트에 사는 임원댁에 가니 건설 회사 사장이라는 그 집 남편이 퇴근해 있었다. 남편은 현대자동차에서 나오는 가장 고급차인 에쿠스에 대해서 사양, 가격 등 열심히 설명을 했다. 그 집 남편이 외국차와 비교해서 내일 연락 주겠다는 말을 듣고 차 한 잔 마시고 둘은 나왔다. 실적에 쫓기던 남편은 다음날 오전 내내 기다렸는데 연락이 없자 그 사장에게 전화를 하였다. 아직 비교 중이라며 저녁에 연락을 주겠다고 했단다. 퇴근할 때까지 아무런 연락이 없자 남편은 또 전화하기도 그렇고 해서 집으로 그냥 왔단다. 남편에게 얘기를 듣고 우리는 저녁을 간단히 챙겨 먹고 다시 한 번 그 집을 방문하기로 했다. 남편과 같이 그 임원 아파트에 도착해서 차를 세우고 가는데 그 집 입구에서 건설회사 사장, 그 부인이 외제차량을 구경하고 있는 게 아닌가…. 순간 부인은 얼른 남편을 모퉁이로 끌고 사태를 지켜봤다. 우리차가 아닌 외제차를…. 오늘 당장 산 것 같았다. 오후에 연락을 준다더니…. 외제차에 마음이 끌려 당장 샀나보다 생각했다. 마음이 상했다. 남편을 보니 얼굴이 일그러져 있었다.

그 순간 나는 울고 싶었다. 자존심이 너무 상했다. 입을 꾹 다물고 있는 남편 역시 나보다 더 처참한 것 같았다. 집에 와서 난 잘 먹지도 못하는 소주를 냉장고에서 꺼내 컵에 반쯤 따라 단숨에 들이켰다. 그리고 멸치를 고추장에 찍어 먹었다. 남편에게 한 컵을 따라 마시라고 주었다. 남편을 한 컵을 벌컥 마신 후 식탁에 앉아 나머지를 다 마셨다.

난 조용히 냉동에 얼려 두었던 수건을 꺼내서 물에 녹여 식탁에 앉아 있는 남편의 발을 차가운 물수건으로 닦아주며 마사지해 주었다.

소주 기운도 있고 마음도 울적하니 눈시울이 붉어졌다. 차마 남편 얼굴을 볼 수 없었다. 수건을 빠는 척하며 화장실로 가서 눈물을 훔치고 나와, 남편 얼굴을 보니 역시 남편도 눈 주위가 붉어져 있었다. 그럭저럭 며칠이 지나 그 일을 잊고 있었는데 둘째 애가 아파서 버스를 타고 병원 가는 길에 우연히 바라본 버스창 너머로 가방을 메고 더운 여름 날씨에 땀을 흘리며 열심히 걸어가는 남편과 비슷한 모습.

혹시… 남편일까? 창가에 눈을 바짝 대고 자세히 보니 틀림없는 남편이었다. 카탈로그 한 뭉치 들고 주차해 있는 차에 꽂으면서 바삐 움직이는 남편 모습에 저절로 나오는 울음을 꺼억꺼억 삼켰다. 버스 안 다른 사람 모르게 눈물을 닦았다. 저녁을 먹고 남편에게 발마사지 해드릴까요? 의자에 앉아요라고 했더니 괜찮다 한다. 당신도 애 데리고 병원 가느라 힘들었을 텐데…. 나는 남편을 억지로 의자에 앉히며 당신 오늘 네거리 건너편에 갔었지요? 물었더니 응하고 작은 목소리로 대답했다. 아마도 자기가 고생하는 걸 내가 본 게 좋지 않았나보다. 나는 남편의 그 마음을 헤아리며 열심히 발을 주물렀다. 그날 밤 남편은 나에게 높으신 사모님 소리를 못 듣게 해서 미안하다고…. 남편의 직업에 열등감 느끼게 해서 미안하다 말하면서 내 손을 꼭 잡고 이렇게 말하였다. 나름대로 꼭 성공해서 행복하게 해 줄 거라고. 열심히 살아서 우리 가정 잘 꾸릴 거라고 말해 줬는데 참 행복한 기분이 들더라는 것이다.

남편의 사랑이 클수록 아내의 소망은 작아지고, 아내의 사랑이 클수록 남편의 번뇌는 작아진다. 남들이 보잘 것 없다고 여길지라도 내가 열심히 할 수 있는 직업을 갖는다는 것 또한 행복한 일이다. 비록 작은 일이라도 거짓 없이 진실로 대할 때 행복한 것이지 아무리 큰일이라도 위선과 거짓이 들어있으면 오히려 불안을 안겨주고 불행을 불러들이게 된다. 작은 것을 소중하게 여기고 진실을 사랑할 줄 아는 사람이 행복한 사람이다. 행복은 행복하다고 생각하는 사람의 마음 속에서 더욱 튼튼하게 자란다. O과장은 영업사원에서 관리직으로 전직했다. 후에 지점장이 되어 임무를 훌륭히 수행했다. 그리고 현재는 임원급인 지역본부장으로 열심히 근무하고 있다.

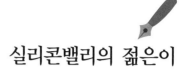

실리콘밸리의 젊은이

정보 지식의 도시, 그리고 기회와 창업의 도시 실리콘밸리는 혼돈 속에서도 살아갈 수 있고 또 상상을 초월한 것을 생각하는 공상가들이 인정받고 생존할 수 있는 곳이다. 그곳에선 꿈과 아이디어가 자라고 실패와 성공이 반복된다. 젊은 억만장자들이 도시의 주인공들이다.

T.S 엘리엇은 하버드 대학 졸업 후 런던에서 은행원으로 근무하며 바쁜 나날을 보내는 와중에 틈틈이 시를 썼다. 작품에 전념하지 못하는 엘리엇을 안타까워했던 에즈라 파운드는 그에게 도움을 준다. 에즈라 파운드와 헤밍웨이 등이 모아준 후원금으로 엘리엇은 시 창작에만 몰두하게 되었다.

그는 바위The rock라는 시에서

생활 속에 우리가 잃어버린 그 삶은 어디에 있는가!

지식 속에 우리가 잃어버린 그 지혜는 어디에 있는가!
정보 속에 우리가 잃어버린 그 지식은 어디에 있는가!
20세기 순환하는 천국도 우리를 하나님으로부터 더 멀리있게 하고

라고 노래하며 오늘도 새로운 것을 찾아 헤매고 참된 지혜, 지식에 목말라하는 우리를 투영한다.

첨단의 도시 꿈의 도시 실리콘밸리에서 현실화된 기적들을 쫓아 오늘도 밤을 꼬박 지새우는 그 많은 젊은이들….

그들은 오늘도 T.S 엘리엇의 시를 읊조리고 있다.

그대가 있는 그곳에 도달하려면 그대는 환희가 없는 길을 가야한다.
그대가 모르는 것에 이르려면 그대는 무지의 길을 가야한다.
그대가 없는 것을 가지려면 그대는 무소유의 길을 가야한다.

순수하고 이상적인 자연 속으로의 열망을 엘리엇은 노래했다. 이상과 열정이 살아 숨 쉬는 실리콘밸리에서 그들은 새로운 아이디어를 창출하고 꿈의 실현을 위해 노력한다. 실리콘밸리 탄생지 "청동판"에 새겨진 글이다.

"이 차고는 세계최초의 첨단기술지역 실리콘밸리의 탄생지이다. 실리콘밸리의 아이디어는 제자들로 하여금 기존의 회사에 취직하는 대신 여기에서 창의적으로 회사를 설립하도록 용기를 준 스탠퍼드 대학의 교수 프레드릭 터먼 박사에 의해 시작되었다. 그의 도움을 받은 최초의 두 학생은 1938년 이 차고지에서 첫 제품으로 음양진동기를 개발하기 시작한 윌리엄 휴렛과 데이비드 팩커드였다." 유명한 휴렛팩커드는 이렇게 탄생하였다. 실리콘밸리에는 풍부한 자금과 많은 기회

속에 빌 게이츠, 스티브 잡스를 꿈꾸는 많은 젊은이들이 몰려들고 있다. 38세에 요절한 토마스 울프는 그대 다시는 고향에 가지 못하리 You can't go home again라는 시에서

> "보다 더 위대한 앎을 위하여 그대가 아는 땅을 잃는 것
> 더 위대한 삶을 위하여 그대가 가진 삶을 버리는 것
> 더 위대한 사랑을 위하여 지금 사랑하는 사람을 떠나는 것
> 내 집보다 더 정겨운 땅을 찾아서 그리고 이 땅보다 더 넓은 땅을 찾는
> 것이…(후략)."

라고 읊으며 삶과 사랑의 본질에 다가서려 했다. 현실의 모든 것을 희생하며 더 큰 본질에 도달하려는 몸부림은 실리콘밸리에서 별을 헤아리는 무수히 많은 젊은이들의 현실이다.

정보화시대 전문가

농경시대를 지나 산업화시대로 이제는 정보화시대에서 밀려오는 정보 홍수 속에 첨단 정보기기와 같이 생활하고 있다. 기술 진보와 세계화로 인하여 지구가 한마을처럼 변한 세상에 우린 지금 살아가고 있다. 정보가 힘의 원천인 세상에 한시라도 전자기기에서 눈을 떼지 못한다. 기업에서 추가생산에 투입되는 에너지, 노동자는 점차 높아진 기계화와 효율성 제고로 감소추세이지만, 정보와 지식의 양은 반비례로 증가하고 있다. 미래의 인적 구도는 점점 정보근로자, 지식근로자 위주로 될 것이다. 앞으로 정보화 사회는 정보화 근로자가 이끌어갈 것이다. 또한 미래시대에는 창조가의 시대가 될 것이다. 미래를 이끌어갈 인재에게는 창조적인 역량이 요구된다. 예술적, 감성적 미를 창조하는 디자인 역량, 트렌트를 읽고 스토리를 만들어내는 재능, 다양한 아이디어를 결합해 뛰어난 발명품을 만들어내는 능력을 가진 인재들이 미래의 주인공이 될 것이다. 벌써 역사의 주인공이 된 애플의 스티브 잡스, 마이크로소프트의 빌 게이츠, 구글의 래리 페이지, 페이스북의 저커 버그, 소프트 뱅크의 손정희 등은 호기심, 열정으로 창조의 불꽃을 일으켜 현실화에 성공한 사람들이다. 조직의 경쟁력의 원천은 앞으로는 정보, 지식근로자, 창조역량이 있는 사람들일 것이다. 회사 조직은 계급, 권한, 책임의 수직 결합에서 상호협력과 이해에 바탕을 둔 수평적 결합으로 변할 것이다. 조직은 직원들의 신뢰를 얻어야만 할 것이고 더 이상 직원들의 충성심을 강조해서는 안 될 것이다. 왜냐하면 그들을 필요로 하는 수요가 많아 그들을 언짢게 하면 다른 곳으로 가서 그들의 능력을 발휘할 것이기 때문이다. 미국 실리콘밸리 정보지식 전문가들이 상상을 초월한 금액에 스카웃되는 현상이 그것을 잘 증명해주고 있다. 조직은 무엇보다도 그들이 가진 역량을 재인식해야 할 것이다. 정보지식, 창조전문가의 시대가 도래한다.

창조경영

  박근혜 정부 들어서 창조경영이라는 말이 많이 회자된다. 선각자 조지프 슘페터는 "배우는 것도 중요하다. 또한, 아는 지식을 버리는 것도 중요하다." 라고 했다. 새로운 그림을 그릴 수 있는 여백의 필요 때문이다. 아랍 두바이 수도꼭지는 우리와 반대로 파란색 꼭지를 틀면 뜨거운 물자연수 그대로이 나오고 빨간 꼭지를 틀면 차가운 물냉각시킨이 나온다. 자연 그대로의 물은 사막의 열기로 데워져서 뜨겁기 때문이다. 1980년대 왕의 후계자 모하메드 왕자는 두바이를 세계최고의 도시로 만들 꿈을 꾸고 프로젝트를 진행하기 위해 공모를 한다. 그 결과 1단계로 초고층 건물 건축, 인공섬 만들기, 2단계 인터넷 시티, 미티어 시티, 헬스 케어 시티 등 소프트웨어 구축하여 라스베가스와 버금가는 세계 최고의 도시로 만들기로 결정한다. 버즈알 아랍 호텔, 버즈두바이 빌딩 건설 후에는 골프 황제 타이거 우즈를 초청하여 호텔 옥상에서 드라이버 시타를 선보이며 건물을 홍보했다. 또한 옥상 테니스 코트에서는 아가시와 페더러가 친선 경기를 했다. 관광 및 쇼핑에 세계 부호들을 초청하였고 축구스타 베컴, 세계적 가수 마돈나로 하여금 부동산을 구입하게 하여 홍보 효과를 높였다. 2000년 개장한 인터넷 시티에는 마이크로 소프트, 오라클, IBM, HP 등 기업이 700여 개가 입주했고 2001년 개장한 미디어 시티에는 CNN, CNBC 등 미디어 기업 850여 개가 입주해 있다. 영국, 호주계 대학의 분교가 고급 인력을 공급해 주고 있기도 하다. 시인이기도 한 모하메드 국왕의 상상력, 창의력, 창조적 아이디어가 세계최고의 도시건설 두바이의 성공 요체라 할 수 있다. 그는 도시국가 싱가포르를 벤치마킹하고 거기에 세계 최대, 최고, 최초라는 의미를 부여하며 황량한 사막에 무한한 상상력으로 일류의 낙원도시국가를 만들어 가고 있는 것이다.

칸트는 항상 학생들에게 맹종을 삼가고 철학적 사색 자체를 배우게 하려고 "스스로 생각하라 – 스스로 탐구하라 – 자기 발로 서라"고 강조했다. 그는 학생들에게 철학 관련 서적을 읽고 배우는 것도 중요하지만 철학적 사색을 즐기고 배우라고 독려했다. 창의적 사고를 높이기 위해서 그렇게 한 것이다.

다보스 포럼을 개최하는 스위스 다보스는 인구 1만 2천 명의 작은 도시이다. 그 작은 도시가 세계 유명인사들이 모여 매년 포럼을 개최할 때면 세계 여론의 주목을 받는다. 조그만 도시 다보스가 엘리트 브랜드 도시로 되는 것이다.

몇 년 전 현대자동차의 정의선 부회장은 서울 지점장들에게 홍대입구, 강남역 사거리 등에 가서 젊은이들의 생각과 감성을 느껴보라고 지시했었다. 수입차는 매년 시장점유율을 높여가고 거기에 일반인들까지 수입차에 합류하니 그들의 정서를 읽고 대책을 강구해보라는 의미에서 그런 지시를 했던 것으로 안다. 얼마 전 타계했지만 최고의 창조물을 출시하여 우리 생활에 큰 변화를 몰고 오게 한 스티브 잡스가 최고의 창조경영자 아니겠는가. 시장과 인간의 욕망을 꿰뚫어보는 잡스의 직관력 산물이 지금 너와 나의 손에 하나씩 들고 다니는 아이폰이 아닌가!

지식 권력의 시대에 기업인이 나서야

앨빈 토플러는 여러 조직들이 직면 과제에 적응하고 반응하는 속도를 다음과 같이 보았다.

기업은 시속 100마일, NGO 90마일, 노동조합 30마일, 정부조직 20마일, 학교 10마일 등 정부조직이나 학교사회가 기업의 속도를 못 따라간다고 본 것이다. 그는 권력의 이동에서 지식권력을 고품질의 권력으로 21C에는 지식을 가진 자가 부와 권력을 갖게 된다고 하였다. 반면 폭력은 저품질 권력이고, 부는 중품질 권력이라 그것을 지향하는 조직은 뒤처질 수밖에 없다고 하였다. 하버드대학교 경제사 교수인 데이비드 랑드는 "왜 누구는 그렇게 부유하고 누구는 그렇게 가난한가?"에서 발전 지향적인 사회에서는 개인의 창의성과 자발성이 존중되는 반면 발전 저항적인 사회에서는 개인은 없고 국민과 대중만 있다 하였다. 경제발전의 원동력은 결국 자신이 되고 싶은 사람이 되는 것, 평범하지 않은 존재로 나를 만들고 싶은 욕망 등 개인적이고 내적인 동기에서 시작된다.

지식으로 막대한 부를 창출한 마이크로 소프트사의 빌게이츠, 투자의 귀재 워렌 버핏, 스마트폰의 대중화에 따라 부상한 대표기업 TGIF CEO들(트위터의 에반 윌러엄스, 구글의 래리 페이지, 애플의 스티브잡스, 페이스북의 저커버그) 등이 지식의 물결에 거대한 파도를 만들었다. 미래를 본다는 것은 보이지 않는 것을 보는 것으로 보이지 않는 부를 주목하라며 고품질 권력인 지식을 직시했다. 현대에 있어서 지식은 부이고 권력이다. 오늘날의 돈은 직접 손으로 셀 수 있는 돈이 아니다. 그 엄청난 양 때문에 단지 숫자로 오고가며 떠돌 뿐이다.

바야흐로 국가 부강의 척도는 천연자원, 국토, 인구가 아닌 누가 강력한 소프트파워를 가졌느냐에 달려있다. 창조적 파괴자, 개혁가, 이단자들을 인정하고 지원해주는 국가가 미래의 강대국이다.

내가 오늘 어떻게 하느냐에 따라 달라질 수 있는 기회를 보장해주는 나라가 부강한 국가다. 온정주의가 경쟁보다 우위이고, 부정적이고 패배주의적인 사회분위기가 팽배해 있는 국가는 결국은 뒤처진다. 긍정적인 에너지로 원칙을 준수하며 열정의 삶을 꾸려나가는 구성원들이 많은 사회가 건전하고 안전한 사회다.

이단자를 보듬을 줄 알고 다양성을 존중하는 사회가 안전망을 갖춘 사회다. 70, 80년대 사고로 21C 다양한 첨단 정보화 사회를 따라잡을 수 없다. 사고체계부터가 다르다. 획일 단순에서 다양화 복잡화됐다. 얽히고설킨 실타래를 손을 가지고 풀 수 없다. 첨단기기를 활용하고 잘 다루어 풀어야 한다. 정부요직에 구시대 인물 대신 잘 훈련된 신진인력들이 주를 이루어야 한다.

관료나 교수가 매일매일 사느냐, 죽느냐의 전선에서 긴장된 삶을 보내며 적응된 기업인들을 앞설 수는 없다. 구시대 인물 위주 회전문

인사, 육법당 재등장, 정치교수 임용 등 정부 인사를 둘러싸고 시중에 떠도는 이야기들이다. 잘 훈련된 젊은 신진 세력, 성공 성취한 경험이 있는 기업인들이 임용되어야 한다. 말로만 하는 사람에게 요직을 맡겨 봐야 말뿐이고 종당엔 시간만 허비했을 뿐이다. 발전지향적인 사회로 나아가야 한다. 부강한 국가, 안전망을 갖춘 나라가 되는 길이다.

핵심인재

국가의 3대 요소는 영토, 주권, 국민이다. 생산의 3대 요소는 토지, 노동, 자본이다.

기업은 자본을 투입하여 노동력으로 제품을 만들어 매출과 이익을 올리며 생존한다. 자본은 기업이 보유하는 한 개의 주요한 자산이다. 생각보다 그것은 아주 희귀한 것은 아니다. 어떤 기업에서나 가장 희소하고 귀한 것은 유능한 인재이다. 옛부터 나라의 존망은 인사에 있다고 했다. 한기업의 흥망성쇠도 사람에 따라 좌우된다. 스티브 잡스의 영롱한 창의가 애플의 신화를 썼으며, 233년의 전통을 자랑했던 영국 파워은행 베어링은 닉콜라스 리슨이라는 28살 애송이의 파생상품 거래로 파산했다.

능력 있고 현명한 사람들을 많이 보유하고 있는 기업이 오래 생존하고, 뛰어나고 창조적인 인재들이 있는 기업이 성장할 수 있다. 그래서 능력 있고 유능한 인재들을 구하기 위하여 각 기업들은 노력하고 있으며, 갖가지 방법을 사용하여 인재들을 채용하고 있다.

현명한 자가 현명한 자를 구한다고 했다. 그러기에 삼성 이병철 회장은 관상가를 뒤에 두고 인물평을 들어가며 사람을 채용했을 것이다. 사람됨을 보기 위한 반경의 기법 6가지를 소개하면 관성, 규덕, 청기, 찰색, 고지, 측은 등을 두루 살핀다고 했다. 관성이란 사람의 성실함을 보는 것이오, 규덕이란 덕을 헤아리는 것이고, 청기는 목소리, 찰색은 얼굴 안색을 살피는 것이다. 대화하면서 사람의 뜻을 헤아리는 것을 고지라 하고, 속마음을 탐지하는 것을 측은이라 한다. 우리 기업들이 요즘 심층면접으로 직원을 뽑는데 그 방법도 다양하다. 목욕탕 면접, 합숙면접 등 심지어 3박 4일 해외여행을 하면서 두루두루 직원들을 살펴보고 뽑는다. 책상에 앉아 질문하고 답하는 그런 면접만으로는 부족하기 때문이다. 어느 기업은 돈과 여자, 술로 우선 그 됨됨이를 살핀다고 한다. 돈을 맡겨 봐서 쓰임새를 보고 그 사람의 의지와 심지를 보기 위해 술과 여자로 시험해 봐서 중요한 보직을 준다는 것이다. 중국에 이런 말이 있다. 늦게 자고 일찍 일어나며 수고스럽더라도 견디는 사람은 처자를 거느릴 수 있는 사람이고, 겸손하고 사리에 맞게 말하고 사람들이 배고플 때와 부를 때를 알며 힘들고 수고스런 일들을 쉽게 처리하는 사람은 만 명을 거느릴 수가 있다. 천하의 백성들을 모두 자신의 처자식과 같이 여기는 사람은 천하를 거느릴 수 있는 사람이다.

한고조 유방은 전략을 운용하는 데는 장량만 못했고, 물자를 보급하는 데는 소하만 못했으며 군사를 움직여 전투를 하는 데는 한신만 못했다. 이들을 선발해서 뜻을 맞췄기에 천하를 얻었다. 위나라 조조는 부하들에게 나를 도와줄 사람을 잘 살펴서 추천하라고 명령했다. 오직 재능만이 기준이라고. 실제로 조조는 자신의 장남 조앙을 죽였던 반란군의 장군 장수를 용서하고 포용하여 중용하였다. 나중에 장수의 딸은 조조의 아들 조균의 아내가 되기까지 하였다. 피터 드러커는 "인간의 장점이야말로 진정한 기회다." 라고 말하였는데 조조와 일맥 통하는 바가 있다. 결국에는 사람을 아는 것이 대왕의 길이다.

사람을 얻는 방법을 반경에서는 이렇게 예를 들어 말한다. 곽외라는 선비가 연나라 소왕에게 말한 내용에 나오는데 "뜻을 굽혀서 순종하며 허심탄회하게 진심으로 가르침을 받으면 자기보다 백배 현명한 인재를 구할 것이오. 반면 다른 사람이 직접 찾아올 때까지 기다려 대하면 자기와 비슷한 사람을 얻을 수 있을 것이다." 라고 하며 인재를 얻기 위해서는 수고를 아끼지 말 것을 강조한다.

유비는 삼고초려하며 예를 다 갖춰서 제갈공명을 얻었다. 덕의 유비와 지혜의 공명이 만나 초나라를 세웠다.

회사에 근무할 때 신입직원 면접을 봤던 경험이 있다. 모두 너무나 똑똑하고 당찼다. 대부분 합격시켜도 흠이 없었다. 그래도 일부분만이 합격한다. 그들은 여러모로 탁월한 인재들이었다.

1. 능력 있는 사람을 뽑는 것이 최고의 투자다.
2. 뽑은 인재를 잘 육성하는 것이 기업의 생존비결이다.
3. 인재가 곧 기업이다. 기업의 흥망성쇠의 요체는 사람이다.

원칙이 무너지면 또 다른 위기를 몰고 온다

미국 레이건 대통령 때 연방 정부 소속 1만 7000여 명의 관제사 조직인 항공관제사노조PATCO가 1년여의 협상이 결렬되자 1981년 8월 전면 파업을 선언하였다. 주 40시간 근무를 32시간으로, 임금을 40% 인상해 달라는 게 노조의 요구였다.

파업에는 1만 2천여 명의 노조원이 참가했다. 관제사들은 대체근무가 어려운 전문성이 요구되는 일을 하고 있었고 근무 강도 역시 상대적으로 높은 편이었다.

그러나 노조의 요구가 너무 무리하다는 게 레이건 행정부의 판단이었다. 또한 다른 공공부분 노조와의 형평성도 고려하지 않을 수 없었다.

관제사 노조도 나름대로 전략을 가지고 있었다. 즉 휴가철 성수기인 8월에 비행기 운항이 멈출 경우 경기에 미치는 영향과 시민 불평은 감내하기 힘든 수준일 거라는 게 관제사 노조의 생각이었다. 시간은 노조편이고 시민 불만이 계속되면 정치적으로도 양보하지 않을 수 없다고 판단했다. 대부분의 국민들도 파업의 승자는 노조가 될 것이라고 생각했다.

하지만 레이건 행정부의 대응은 강경했다. 레이건은 대통령으로서 48시간 이내에 업무 복귀하지 않으면 법에 따라 전원 해고할 것이고 평생 연방정부에 재취업할 수 없음을 천명하며 압박했다. 관제사 노조는 겁을 주는 것이라 냉소하고 파업을 계속 이어 나갔다. 레이건 대통령도 경고한 대로 기한 내에 복귀하지 않은 노조원 1만 1359명을 법에 의하여 해고하였다. 국민 불편을 최소화하기 위해 비상가동하면서 평상시의 80% 수준에서 항공기를 운행했다. 군과 은퇴한 관제사들을 동원하였고 자가용 비행기 등 불요불급한 운항은 자제시키면서 공항 운영을 계속하였다. 결국 여론과 정부의 강경 대처에 노조는 백기투항 하였다. 평생 재취업 금지 명령도 빌 클린턴 행정부에 와서야 풀렸다. 일부는 복직했지만 수천 명은 영영 재취업하지 못했다. 불법을 저지른 노조원에 대하여는 법대로 처리한다는 원칙을 고수하면서 강력한 리더십을 보여주었고 강한 국가로 미국을 이끌었다. 원칙이 무너지면 혼란이 오고 제 위치를 찾기까지는 많은 희생과 손실이 따른다. 레이건 대통령시절 미국은 강력한 미국을 견고히 유지하며 세계 평화의 유지군 역할을 충실히 수행했다.

원칙에 충실했던 대처 영국병을 치유하다

대처리즘

보수당의 애드워드 히스총리는 "이 나라를 다스리는 게 노조냐 정부냐"라는 말을 남긴 채 실각했다. 요람에서 무덤까지의 과도한 사회보장제도가 문제였다. 일을 안 해도 정부가 모든 것을 해결해주길 바라는 영국병 때문에 대영제국은 곪아가고 있었다.

총선에서 수상이 된 대처는 유럽의 병자 영국을 근본적으로 수술하겠다는 각오 아래 공공 지출 삭감, 공기업 민영화, 금융개혁, 노조활동규제 등 강력한 영국병 치유정책을 펼쳤다. 거기에는 근본적 수술 외에는 대안이 없었다. 그 일로 그녀는 TINA^{There is no alternative}라는 별명을 얻었다. 변화해야만 회생할 수 있다고 믿으며 거대 권력 노조를 개혁하려 했다. 그 이전에도 수차 노조를 개혁하려 했었다. 그러나 노조의 파업에 정부는 속수무책으로 당했고 노조라는 장벽을 넘지 못했다. 그중 탄광 노조는 무소불위의 힘을 가지고 정부를 위협했다. 대처는 치밀하게 파업에 대비한 대책을 세우고 석탄 산업

구조개편을 단행했다. 만성 적자인 20여 개 탄광을 폐쇄시키고 2만여 명을 감축했다. 극심한 노조의 반발, 정치권의 반대 속에서도 대처는 법질서를 새우며 원칙을 용기 있게 고수하여 승리를 거두었다. 한 정치인은 의회에서 대처를 향해 "영국의회의 미덕인 합의정신은 어디로 갔나!"라고 외치며 대처를 비방하였다. 대처는 그에 맞서 "합의정치란 이름 아래 국가의 장래를 노조의 이해에 종속시킨 것이 당신들이다. 나는 원칙을 지키는 정치를 한다."라고 응수하며 굴하지 않았다. 영국은 280년 동안 56명의 총리를 배출했지만 이름 뒤에 이즘ism 이란 조어를 만든 유일한 수상은 대처 수상이다. 영국병을 치유한 대처의 원칙에 입각한 정책을 세상은 대처리즘이라고 한다. 그녀의 정책은 다음과 같은 일관성이 있었다. 올바르지 않은 타협은 더 큰 실패와 패배를 안겨준다. 비합리적이고 극단적인 주장을 하는 조직과 대화하고 타협한다는 것은 자칫 조직이 존립할 수 있는 근본원칙을 훼손하여 더욱 큰 문제를 야기할 수 있다. 서로 인정하고 존중하는 대화와 타협의 정신은 민주주의의 근본이지만 도출된 방안은 공동체의 미래를 위한 원칙에 입각해 있어야 한다. 라는 것 등이었다.

한번 무너진 원칙은 이미 원칙이 아니다. 갈등의 어려움을 모면하기 위해 원칙을 훼손하면 다음에는 더 큰 대가를 치르게 된다. 책임감 있는 강력한 리더라면 당장의 어려움을 벗어나려고 공동체의 미래를 위한 원칙을 포기하지는 않을 것이다. 자리에 연연하는 리더의 특징은 원칙 없는 타협에 능하다는 것이다. 이들은 작은 이익을 챙기지만 조직을 장기적으로 발전시킬 큰 이익을 놓친다. 치밀한 대책, 용기, 힘이 있어야 원칙을 지킬 수 있다. 지혜롭고 용기 있는 리더들은 원칙을 잘 지키며 위기를 잘 극복하여 조직을 성공적으로 이끌어 나간다.

정성과 진심어린 행동은 목숨까지 내놓는다

작지만 나름대로 소문난 음식점에 붙어있는 글을 소개한다.

"우리 가족은 소중한 시간을 내셔서 여기 와 주신 귀한 분들께 즐거움과 행복함을 선사하지 못했다면 비용을 받지 않겠습니다. 왜냐하면 귀한분의 일생에 한 번 뿐인 시간과 행복을 빼앗았고 나쁜 추억을 안겨드렸기 때문입니다."

KBS의 강연 100℃ 프로그램을 종종 보는데 우리 삶이 촉촉이 녹아나 눈물 짓게 하는 강연들이 많다.

8년째 20만 그릇 자장면 나눔 봉사를 한 조병국씨의 강연에 위 음식점 글이 문득 생각났다.

어려운 이웃들에게 자장면을 나눠주고 있는 조병국씨…. 그는 4살 때 아버지를 여의고 어머니 밑에서 자랐다. 중학교 중퇴 후 이런저런 일을 시작했지만 여의치 않았다. 그는 음식 만드는 것을 특히 좋아하여 중국집을 전전하며 기술을 익혔다. 그가 지배인으로 일하던 중국집에 가끔 어떤 부부가 아이를 안고 식사를 하러 왔다. 아이들이 뛰어다니기도 하고 울기도 하면 식사를 잘못하는데 조병국 씨는 그때마다 아이들하고 놀아주기도 하고 돌봐주며 그 부부가 맛있게 식사를 하도록 정성을 쏟았던 것 같다. 어느덧 단골손님이 되고 친해지자 그 부부는 조병국 씨에게 중국집을 내주겠다는 얘기를 한다. 그는 그냥 흘러가는 얘기로 듣고 까맣게 잊고 있었다.

평소 사람을 잘 믿고 베풀기 좋아했던 그는 친구의 보증을 서줬고 빚을 지게 되었다. 빚 때문에 집을 팔고 사채까지 얻어 쓰게 되었다. 우울증으로 자살까지 시도했다. 그런데 동화 속 이야기같이 그 부부가 조병국 씨를 찾아 중국집을 열어줬다. 그는 그 후 안정된 생활을 되찾았다. 아무 조건 없이 자신을 도와줬던 지인을 떠올리며 자장면 봉사를 시작했다. 현재까지 8년째 20만 그릇의 자장면을 나눠주었다.

삶은 나눌수록 행복하다. 손자 오기 열전에 나오는 이야기다. 어느 날 병사 한 명이 종기가 나서 괴로워했다. 오기 장군이 병사의 종기 고름을 손수 입으로 빨아 치유했다. 이것을 안 병사의 어머니는 슬프게 통곡하며 울었다. 이상하게 생각한 이웃 사람이 이유를 물었다. "당신의 아들은 일개 병사에 지나지 않는데도 장군이 직접 고름을 빨아내 치유해 주었는데 어찌 우는 것인가?" 이 말에 어머니는 한숨을 쉬며 그간 사정을 이야기했다. 바로 작년에는 오기 장군께서 그 애 아버지의 종기 고름을 빨아주었습니다. 그 후 그이는 전장에서 장군의 은혜에 보답하기 위한다며 끝까지 적과 싸우다 돌아가셨습니다. 그런데 이번에는 제 아들의 종기를 빨아주었습니다. 이제 그 애의 운명은 뻔할 것입니다. 그래서 이렇게 슬피 웁니다.

어떤 행위가 사람의 마음을 움직이게 하고 감동하게 하는지 보여준다. 정성을 다해 행동하고 진심어린 관심을 보여주며 소중한 존재로 대하면 사람의 마음을 얻을 수 있다.

극한상황으로 몰아넣어 해결책을 찾다

궁하면 통한다 했다. 궁즉통이다. 난처하고 곤혹스러운 어려움에서 벗어나려고 몸부림칠 때 어느 순간 솔루션을 찾게 된다. 삶에 대한 진한 애정과 결코 포기하지 않겠다는 열정 그리고 다시 일으켜 세우겠다는 의지, 고난과 역경 속에서도 성취에 대한 확신. 여기에 인문학적 자양분에 바탕을 둔 진정한 통찰의 힘이 끊임없이 에너지를 불어넣어 줄 것이다. 인문학은 다시 일어나 시작하게 하고 새로운 것을 하게 하는 것을 근본적으로 가르쳐준다. 인문학은 자신의 삶을 뒤돌아보게 하고, 신천지로 스스로 자신 있게 나갈 수 있도록 하는 힘의 원천이다. 우리 무의식 속에 숨어있는 창의를 의식으로 밀어 올리기 위해선 인문학의 멋에 흠뻑 젖어 있어야 한다.

무수히 많은 시인들, 소설가, 화가들이 컴컴한 작업실이나 다락방에서 위대한 작품을 창작했다. 창의적인 사람들은 자신의 일을 사랑하며 몰입을 한다. 몰입 상태를 경험하면서 스스로 만든 창조물에 큰 행복을 느낀다.

레오나르도 다빈치는 창의적 사고를 위한 7가지 속성들을 제시했다. 호기심, 실험정신, 오감, 낯설음, 전뇌사고, 양손쓰기, 연관사고가 그것이다.

일본의 창조성 개발 분야의 일인자 다카하시 마코토는 4고라하여 심고, 사고, 수고, 족고 즉 마음, 머리, 손, 발을 다 움직여서 생각하라 했다.

시칠리아의 히에론 왕은 자신이 받은 왕관이 순금으로 만든 것인지 알아내고자 아르키메데스에게 이 문제의 해결을 명했다. 그렇지만 금속을 녹여 왕관을 망가뜨리지 않고서야 무슨 도리로 알아낼 수 있을까? 아르키메데스는 고민에 휩싸였다. 그 문제가 뇌리에서 떠나지 않았다. 어느 날 목욕을 하던 중 자신이 물속에 들어가자 수위가 높아진다는 점에 유의했고 왕관을 물속에 넣어 무게를 달아보면 황금의 밀도를 측정할 수 있다는 사실을 깨달았다. 이 순간 그는 흥분하여 '유레카!'를 외치며 알몸인 채 거리로 달려나갔다고 한다. 필히 해결해야 할 왕의 명령이었고 피할 수 없었던 일이었기에 해결책을 찾아낸 것이다.

사막의 여우 롬멜 장군은 "극한상황은 고정관념에 대한 최고의 해독제이다." 라며 어떤 절체절명의 순간이라도 인간은 그 순간을 헤쳐나갈 수 있다고 하였다.

밀턴은 실명하였지만 포기하지 않고 머릿속의 이야기를 딸에게 받아 적게 하며 실낙원이라는 세기에 남을 명고전을 완성했다. 글을 쓸수도 읽을 수도 없었던 장님인 그의 위대함은 자신의 한계를 극복하여 실낙원을 완성하였다는데 있다.

어느 순간 나를 절박함으로 내몰아 마음을 바꾸고 행동을 변화시키면 원하는 바가 이루어질 수 있다.

희망의 노래를 부르자

희망의 노래를 부르자
참아라 바뀔 것이다
운명의 순간순간
그 위치에서 최선을 다하며 최고가 되자
그간 쌓인 한과 울분은
가슴 깊숙이 깊숙이 밀어 넣고
웃음 기쁨 희망의 노래를 부르자
그 노래가 꾸역꾸역
목구멍에 막혀 못 나오다
울먹임으로 바뀌어 나올지라도
먼 훗날 먼 훗날
기쁨을 기대하며
희망의 노래를 쉼 없이 부르자
숨이 넘어갈 때까지
끈질긴 놈이 이긴다고
기쁨과 희망의 노래를 부르자

CEO 인문학

　동창 친구 중에 지금은 서울대 국사학과 교수로 재직 중이면서 박물관장을 하고 있는 송기호 박사가 있다. 발해의 역사에 대한 전문가이기도 하다.

　1975년 예비고사지금의 수능에서 전국 수석을 한 수재이다. 난 친구가 당연히 서울대 법대 아니면 상대를 지원할 줄 알았는데 그는 의외로 국사학과를 지원했다. 지금과 마찬가지로 인문계는 법대, 상대, 자연계는 의대로 우수인재들이 몰렸었으니까…. 최근에 몇 번 만나 식사를 하면서 친구에게 우문愚問을 던졌다. 그때 왜 법대에 가서 판검사하지 않고 국사학과를 지원했느냐고…. 웃으며 친구는 말했다. 친구들이 알다시피 홀어머니께서 고생하면서 나 하나만 잘되기를 바라며 지켜보는데 왜 고민이 없었겠느냐고. 그러나 역사공부 그중에서 국사연구에 대한 소명 같은 게 그때도 있었다고. 지금 와서 생각해 보아도 잘한 선택이었고 후회한 적이 없다는 그의 대답이었다. 판검사, 변호사하면 권력과 돈의 맛은 보겠지만, 지금과 같은 열정의 삶은 없지 않았겠냐고 덧붙였다. 식사 후 빠른 걸음으로 지하철을 타기 위해 사라지는 친구의 뒷모습이 너무 멋있게 보였다. 언젠가 나도 친구들에게 문학 전공한 것을 잘했다는 뜻으로 얘기한 적이 있다. 은퇴하고 나서 여유롭게 책 읽고 글 쓰는 맛… 참 행복하다.

혼자 있으면 혼자 있는 대로, 친구와 같이 있으면 같이 있는 대로.. 끊임없이 상상의 나래를 편다.

나에게는 외로움, 우울증 이런 게 없어서 좋다. 책 읽고 글 쓰면 외로운 시간, 우울할 시간이 없다. 요즘 다시 조명되는 인문학 관련 지식들 여기에 푹 빠져 있다. 젊은이들이 먼 훗날 나와 같은 마음을 느꼈으면 좋겠다.

2인자의 삶

저우언라이는 27년 동안이나 15억의 인구를 가진 중국 총리를 역임했다. 그와 만났던 사람은 그의 우아함과 지혜로움에 대한 칭송을 아끼지 않았다. 소박하고 신중했으며 항상 겸손했다. 마오는 골치 아프거나 중요한 일은 총리에게 자주 미뤘다. 마오는 철학적인 문제만 제가 생각한다면서 저우언라이 총리와 의논하라며 한발 뒤로 빠지곤 했다. 총리는 도를 넘지 않는 사람이었다. 나의 지위는 언제나 모주석의 지침에 따라 협상하는 것일 뿐이라며 2인자임을 잊지 않았다. 모주석은 그를 알았고, 저우언라이는 모주석의 마음을 언제나 읽고 있었다. 그는 매사에 솔선수범했고 열심히 일했다. 중국인이 저우언라이를 존경하는 이유 6가지가 잘 정리되어있다.

1. 사불유회(死不留灰) – 사망 후 유골을 남기지 않았다.
2. 생이부후(生而無後) – 살아서 후손을 남기지 않았다.
3. 관이부현(官而不顯) – 관직에 있었지만 드러내지 않았다.

4. 당이불사(黨而不私) – 당을 조직했어도 사조직은 꾸리지 않았다.
5. 노이무현(勞而無怨) – 고생을 했어도 원망하지 않았다.
6. 사불유언(死不留言) – 죽으면서 유언을 남기지 않아 정치 풍파를 막았다.

  그는 외국 정상과 만찬이 있으면 먼저 주방을 찾아 국수 한 그릇을 말아서 먹곤 했다. 자신이 배가 고프면 손님 챙기기에 소홀할까봐서다. 중국의 어머니로 칭송받는 부인 등영초의 유언에서 부부가 어떤 생각을 하면서 살았는지 잘 보여주고 있다. "희망이 없을 때는 의료직원의 부담을 줄이기 위해 응급조치를 취하지 마세요. 나와 주총리가 살던 집은 국가에서 다른 사람을 위해서 분배하세요. 유적으로 남기는 것을 반대합니다. 책은 도서관에 보내주세요. 유물이 있으면 필요한 곳에 다 보내주세요." 인민사랑, 국가사랑에 있어서도 일심동체였다.
  저우언라이 추모비 글에는 "인민이 총리를 사랑하고, 인민의 총리로 인민의 사랑을 받고, 총리와 인민이 동고동락하니 인민과 총리의 마음이 이어졌다." 어쩌면 그가 진정으로 충성을 바친 대상은 마오쩌둥이 아니라 인민과 국가였을 것이다.
  사심 없는 그의 인민사랑과 국가사랑이 27년간이나 총리직을 수행할 수 있도록 한 원동력이었다. 철저히 2인자로 산 그의 삶의 일생은 살얼음 위를 걷듯이 신중하였고 사방의 적을 대비하듯 주의를 기울였다. 항상 손님으로 초대받은 듯이 단정하였고 물처럼 유연하였으며 바다처럼 포용력이 컸다. 모주석 앞에서 한없이 자신을 낮췄으며 인민 앞에서도 자신의 겸손함과 소박함을 잃지 않았다. 그는 자신의 주장을 내세우지 않고 그저 묵묵히 일을 수행하며 국민의 사랑을 받았다. 해박한 지식과 업적을 자랑하지도 않았다. 잘난 척하지도 않았을 뿐더러 권력 싸움에도 휩쓸리지 않았다. 오히려 어리숙하게 보였고 욕망에 얽매이지 않았으며 지식과 재능을 숨기고 인민과 국가의 편에서 세월의 흐름이라는 물길에 자기를 띄우고 흘러가는 사람이었다. 물처럼 유연함, 자기를 낮추는 겸손함, 매사의 신중한 처신 그리고 국가와 인민을 위한 헌신이 그의 삶의 자세였다. 그의 고단했을 2인자의 길을 되돌아보며 우리의 삶의 자세를 가다듬어 보는 일도 의미 있는 일이라 생각한다.

안씨가훈에 있는 명구다. '가장 높은 단계에 속하는 선비는 자신의 이름을 잊고, 중간단계에 속하는 선비는 자신의 이름을 세우며, 가장 낮은 단계에 속하는 선비는 남의 이름을 빼앗는다.' 잘난 척하는 소인배들이 득실거린다. 그들을 가까이하면 불손하고 멀리하면 원망한다. 상대를 말아야 한다.

교묘한 말로 아첨하는 사람치고는 선한 이가 드물다. 의지가 곧고 용기가 있으며 꾸밈이 없고 말수가 적은 사람은 선한 사람이다. 말 많은 세상이다. 돌이켜 봄 짓하다.

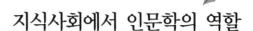

지식사회에서 인문학의 역할

　철학, 문학, 역사 등 인문학은 한 개인이 먹고사는 직업과는 거의 관련이 없다.

　인문학 관련 학자나 교사를 제외하고는 그렇다. 인문학이 직업을 갖는데 외면받는 경향이 없지 않아 많다. 또 한편으로는 그렇기 때문에 고고한 자부심을 느끼기도 한다.

　피터 드러커는 미래의 결단에서 지식사회에서의 지식은 매우 전문적이고 응용되는 지식이어야함을 강조했다. 만능인이라고 지칭한다면 그는 어설픈 지식을 갖춘 학문애호가일 뿐이라고 드러커는 말했다. 전문적인 지식은 구체적인 것이며 따라서 다른 것에는 응용될 수 없는 지식이다. 수술 시 외과의사가 시도하고 익혀야 하는 것 가운데 마케팅이나 철학, 역사학에서 도움이 되는 지식은 없다. 그러나 창조 지식사회에서는 그들 자신의 직무와 관련된 지식을 다른 분야의 지식과 융합하고 동화하며 창조하는 지식을 요구한다. 오늘날 혁신적 창조물은 과학적 지식과 인문학적 지식의 융합에 의한 것들이 많다.

과학적 지식으로 그간 정설이었던 역사적 사실이 바뀌는가 하면 모바일폰으로 장소의 한계를 극복한 이후 그것과 인터넷과의 결합인 아이폰으로 장소와 시간의 벽 모두를 허물어 버렸다. 정보와 과학지식 그리고 인문학의 융합적 결합 결과이다.

지식사회에서는 지식근로자들이 자본가를 필요로 하는 것보다 자본가들이 한층 더 지식근로자들을 필요로 한다. 지식조직은 상사와 부하들로 구성된 상하조직이 아니다. 상호 조화를 추구하는 교향악단 조직이다. 그들은 모두 동료일 뿐이다. 인간은 전문화되면 전문화될수록, 지식이 구체적이면 구체적일수록 상상의 세계를 동경한다. 기계의 부속품이 아닌 감성과 생각을 지닌 인격체이기 때문이다. 인문학은 광대하고 풍부하여 인간의 동경에 대한 답을 제공해준다. 인문학은 인간을 고귀하고 숭고하게 만들어 인간이 처한 사회의 중요한 요구에 긍정적인 해답을 제공한다. 우리의 현재의 삶을 더 나은 미래로 나아가도록 해준다. 전문화되고 구체화된 지식이 근간을 이루는 지식사회일수록 인문학 없는 사회를 지혜롭고 아름답게 이끌어 갈 수 없다. 왜냐하면 인문학이 결여돼 있으면 인간이 꽃이 피는 사회가 아닌, 황량한 전문지식의 꽃이 피는 사회가 되기 때문이다.

아차비아 하우자재我且非我 何憂子財

두 스님이 시주 길에 올랐다. 제자 스님이 배가 고파서 도저히 걷지 못하겠다고 했다. 얼마를 가자 참외밭이 나타났다. 스승 스님은 제자 스님에게 저기 가서 참외 몇 개를 따오라고 했다. 워낙 배가 고팠던 제자 스님은 주인 모르게 숨어들어 참외를 땄다. 그 순간 스승 스님이 도둑이야 라고 외쳤다. 주인이 잡으려 달려 나오자 제자 스님은 죽어라 도망쳤다. 두 스님은 나중에 서로 만났다. 스승 스님이 물었다. 조금 전에 배가 고파서 한 걸음도 못 걷겠다 하더니 잘도 달리더구나. 조금 전에 네가 너이더냐… 아니면 잘도 달리던 네가 너이더냐.

나는 참된 나를 모른다. 더러는 선한 생각을 하기도 하고 나쁜 생각을 하기도 한다. 어떤 내가 진정한 나의 모습인가. 내가 또한 내가 아닌데. 어찌하여 자식과 재산을 걱정하는가.(아차비아 하우자재) 부모의 모든 걱정은 자식에게로 몰린다. 그러나 자식의 생애는 전적으로 자식의 몫이다. 미국 지사에서 오랜 세월 근무했던 선배가 있다. 딸이 미국에서 학교를 마치고, 그런 연유로 미국인 사위를 얻게 됐다. 결혼식을 끝내고 한국과 미국에서 받은 축의금이 상당한 금액 남아 있어 보태 쓰라며 사위에게 봉투를 내밀었다.

딸과 사위 생각에는 여행 경비 얼마만이 들어 있을 줄 알았는데 커다란 봉투 안에 들어 있는 액수는 수천만 원이었다. 미국인 사위는 많은 금액의 현금에 눈을 동그랗게 뜨고 영문을 몰라 하더란다. 미국에서 일부 상류층을 제외하고 결혼한다 해서 부모가 우리나라와 같이 집과 살림살이를 도맡아서 하는 경우는 드물다.

언제까지 우리 부모들이 자식들에 대한 걱정으로부터 좀 자유로울는지…. 어떤 이가 석가모니를 찾아가 호소를 하였다. 저는 하는 일마다 되는 일이 없습니다. 세상이 원망스럽습니다. 석가모니는 그것은 네가 남에게 베풀지 않았기 때문이라 했다. 저는 아무 것도 가진 게 없는 빈손입니다. 가진 게 없는 빈 털털이가 남에게 줄 것이 어디에 있겠습니까? 석가모니는 "그렇지 않느니라. 아무리 가진 게 없더라도 줄 수 있는 일, 일곱 가지는 누구나 가지고 있는 것이다."라 했다.

일곱 가지 보시 이야기다.

첫째가 화안시다. 얼굴에 화색을 띠고 부드럽게 정다운 얼굴로 남을 대하는 것이다.

둘째가 언시다. 말로써 얼마든지 베풀 수 있으니 사랑의 말, 칭찬의 말, 위로의 말, 격려의 말, 양보의 말, 부드러운 말 등이다.

셋째가 심시다. 마음의 문을 열고 따뜻한 마음을 주는 것이다.

넷째 안시다. 호의와 따뜻함을 담은 눈으로 사람을 보는 것처럼 눈으로 베푸는 것이다

다섯째 신시다. 몸으로 때우는 것으로 일을 도와준 다거나 짐을 들어주는 육체노동을 뜻한다.

인문학 마케팅 --------------

여섯째 좌시다. 때와 장소에 맞게 자리를 내주어 양보하는 것이다

일곱째 찰시다. 굳이 묻지 않고 상대의 마음을 헤아려 알아서 도와주는 것이다.

재물로 자식을 도와주려고 하면 그 때문에 돈으로부터 헤어나질 못한다. 남에게 도움을 주는 방법도 어디 돈뿐이겠는가! 찬찬히 부처님의 일곱 가지 보시를 음미해 봄 짓 하다.

기화가거奇貨可居—미래를 보는 안목

(미래의 진귀한 보물)

사마천의 사기 중에 여불위 열전에 나오는 고사성어다.

전국시대 말 한나라의 거상 여불위가 어느 날 조나라 수도 한단에 있다가 진나라 소왕의 손자 자초가 인질로 잡혀있다는 사실을 알게 되었다. 자초의 아버지인 안국군에게는 아들 20여 명이 있었다. 안국군의 정부인 화양부인 슬하에는 아들이 없었고 자초는 첩의 아들이었다. 진나라는 인질 자초에게는 염두를 두지 않고 초나라를 자주 공격해서 자초의 초나라에서의 생활은 초라했다.

여불위는 그를 보고 범상치 않은 인물임을 간파하고 기화가거라고 말했다. 여불위는 자초를 찾아가 정실인 화양부인의 양자로 들어갈 수 있도록 해 주겠다는 은밀한 제안을 한다. 자초는 머리를 숙이며 당신의 계책대로 된다면 진나라를 그대와 함께 나누어 갖도록 하겠다고 다짐한다. 그 후 여불위는 초나라 조정에 엄청난 뇌물을 바쳐 자초가 불모에서 풀려나게 하고 한편으로는 자식이 없는 정비 화양부인에게 진귀한 보석들의 선물공세로 환심을 사서 자초를 양자로 받아들여 태자로 봉하는데 성공한다. 볼모에서 풀려난 영자초는 BC 250년에 진나라 29대 효문왕의 뒤를 이어 30대 장양왕으로 즉위한다. 그러나 3년 만에 장양왕은 죽고 기생출신 조희사이에 태어난 아들 영정이 13세의 어린 나이에 왕이 된다. 자초를 왕에 앉힌 공으로 여불위는 왕 다음의 최고 권력자 승상이 되었고 태후 조희가 수렴청정했다. 자초의 뒤를 이어 13세 어린 나이로 진나라 31대 왕이 된 영정은 그로부터 26년 만인 39살이 되던 해에 전국시대를 마감하며 천하통일을 이룩한다.

진제국을 건설한 진시황이다. 여불위는 사람과 세상을 보는 안목, 앞날을 대비하는 그의 지혜는 시대를 읽을 줄 아는 기화가거의 표본이라 할 만하다고 하겠다. 진시황의 아버지는 영자초 장양왕이 아니고 바로 여불위라고 사기에는 적고 있는데 왜곡된 기록이라는 반론이 지배적이다. 현대판 기화가거랄까.

상당히 큰 병원을 운영하고 있는 친구 K 박사 이야기다. 그는 찢어지게 가난해서 대학갈 형편이 아니었다. 요즘에나 장학금 제도가 잘 되어있어서 실력이 출중하면 돈 없이도 대학 졸업이 가능하지만 70년대만 하더라도 장학금이 그리 많지 않았다. 더군다나 의대는 학비가 많이 들어 가난한 학생이 실력만 있다고 갈 수 있는 곳이 못 되었다. 고교 졸업 후 공무원시험이나 볼까 고민 중이던 K에게 학비와 숙식을 책임져 줄 테니 입학시험을 보라는 사람이 나타났다. 그는 그렇게 해서 서울의 명문의대에 입학했다. 그 복지가 집에서 가족과 함께 지내며 대학을 다녔다. 본과 3학년 때 K는 일찍 결혼을 했다. 복지가 딸과… K는 그 이후 레지던트, 박사과정을 잘 마치고 종합병원에서 근무하다 개인병원을 개원해서 큰 성공을 거두었다. 요즘 가끔 만나면 친구들이 K박사에게 농을 던진다. 일찍 팔려간 놈이라고... 허허 웃는 K박사의 표정에 만감이 어린다.

사마천은 화식열전 편에서 부자가 되는 원칙을 다음과 같이 기술하고 있다. 가장 먼저 때를 잘 읽으라고 강조한다. 주나라 때 백규는 때를 잘 살펴서 사람들이 팔 때 사고, 사람들이 사면 팔았다. 곡물이 익어갈 때 그는 곡물을 사들이고 비단을 팔았으며, 누에고치가 생산될 때 비단과 솜을 사들이고 곡물은 내다 팔았다. 상품이 계절에 따라 시장에 나타나는 이러한 때를 잘 이용해 큰 부자가 되었다.

지시는 때를 아는 것, 임시는 때에 맡기는 것, 취시는 때를 잡아내어 취하는 것이라 하여 때를 아는 것이 부자가 되는 원칙이라 했다. 높은 누대를 만들려면 서까래를 길이와 굵기에 따라 제 위치에 맞게 써야 한다. 사람도 크기와 됨됨이에 따라 적재적소에 배치해야 부를 이룰 수 있다 하여 인재의 등용을 강조했다. 소문난 잔치에 먹을 것 없다고 다른 사람이 생각지 못한 곳에 투자하고 일반인들이 걷지 않은 길로 가야만 먹을 게 있다는 모험정신을 들었다. 부를 쌓는 근원으로 신뢰를 얘기한다. 사마천은 탐고삼지, 염고오지라 하여 탐욕스러운 상인은 당장 이자를 높게 받아 본전의 3/10을 벌고, 정직한 상인은 공정하게 장사를 하지만 결국 신용을 얻어 5/10를 벌게 된다고 하였다. 근검절약하는 것은 부의 불변의 정도라 했고 성실하게 노력하며 자신의 강점을 발휘하면 부를 이룰 수 있다 하였다. 부자가 되는 길은 예나 지금이나 그 원칙에서는 변함이 없다. 장래를 내다보며 신용을 쌓고 탁월한 안목으로 미래의 가치를 알아보는 것이야말로 부의 근본이라 하겠다.

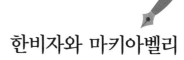

한비자와 마키아벨리

서양에 마키아벨리가 있다면 동양에는 한비자가 있다.

군주론과 한비자는 제왕학의 성전, 통치술의 명저로 불리 운다. 그들은 인간본성에 충실하려 했고 인간불신의 관점에서 통찰하면서 사람을 다스리는 법, 따르게 하는 법을 알려 했다.

한비자에 따르면 인간은 이익을 좇아 움직이는 동물이라는 것이다. 인간의 마음을 움직이는 동기는 애정도 아니고 배려심도 아니다. 의리도, 인정도 아니며 오로지 이익뿐이라고 주장한다.

뱀장어는 뱀과 비슷하여 징그럽고 누에는 애벌레와 비슷하다. 뱀은 누구에게나 혐오감을 주고 여자들은 애벌레를 보면 징그럽다 한다. 그러나 어부는 맨손으로 뱀장어를 잡고 누에치는 여인네는 맨손으로 누에를 잡는다. 다시 말해 이익이 된다고 판단되면 누구든 용감해진다.

마키아벨리는 인간은 원래 은혜도 모르고 변덕이 심하며 위선자인데다 뻔뻔스럽고 신변의 위험을 피하려고만 하고 물욕에 눈이 어두워지기 마련이니 믿지 말라 했다.

모든 인간은 악하다는 성악설을 주장하는 것이다.

한비자에서는 힘에 의존하는 것을 마다하고 덕을 베풀어 백성을 돌봐야 한다는 주장은 하나의 환상이라며 빈틈없이 권력체계를 관리하고 감시하는 것이 통치의 요체라고 주장한다. 결국 한비자는 진나라에 사신으로 갔다가 같은 문하에서 공부했던 친구 이사의 모함으로 감옥에서 독살됐다.

그러나 동서양을 막론하고 지도자의 고귀한 정신은 덕이라는 데는 재론의 여지가 없다. 덕이 있는 자에게로 저절로 사람들이 모여든다고 그 옛날 사마천은 사기에서 주장했다. 같은 책에서 서술된 초나라 장왕 갓끈 이야기다.

어느 날 장왕은 휘하 장수들을 모아서 연회를 베푼다.

분위기가 무르익자 장왕은 오늘밤 마음껏 마시고 즐기라는 명을 내렸다. 그야말로 서로 어우러진 걸쭉한 술판이 벌어졌다. 그때 마침 바람이 불어와 연회장의 모든 촛불들이 꺼지고 말았다. 이때 누군가가 왕의 애첩을 희롱했다. 애첩은 분한 마음에 앙갚음을 하려고 희롱한 사람 갓끈을 잡아 뜯고 장왕에게 일러바쳤다. 갓끈이 없는 사람이 나를 희롱했다고 그놈을 잡아들이라고….

그러나 장왕은 아니다, 문제는 내가 지나치게 흥을 돋운 탓이라며 애첩을 타일렀다. 그리고 큰소리로 명령했다. 오늘 밤은 신분에 구애받지 말고 즐기고 즉시 모두 갓끈을 잘라버려라. 이렇게 하고 나서 불을 밝히니 모든 신하들의 갓끈이 남아있지 않았다고 한다.

세월이 지나 초나라는 이웃의 강대국인 진나라와 전쟁을 하게 됐다. 그런데 항상 선두에서 목숨을 아끼지 않고 용감하게 싸우는 장수가 있었다. 그 장수의 용맹스런 활약으로 초나라는 진나라를 물리쳤다. 전쟁이 끝난 후 진왕은 그를 불러 공을 치하한 후 그렇게 목숨

내놓고 싸웠던 연유를 물었다.

전하… 저는 이미 죽었던 몸입니다. 술에 취해 무례를 저질렀을 때 전하의 은혜로 다시 살아났습니다. 그래서 목숨을 바쳐서 전하의 성덕에 갚기로 맹세했습니다. 갓끈을 뜯긴 것은 저였습니다.

사소한 것을 들춰내서 허물을 잡거나 벌을 주면 진정한 충복을 얻을 수 없다. 윗사람은 덕이 있어야 한다. 그래야만 충성스런 부하를 많이 거느릴 수 있다. 선비는 자기를 알아주는 사람을 위해 죽고, 여자는 자기를 좋아해주는 사람을 위해 몸을 치장한다. 다른 사람에게 배신당해도 남을 배신하지 않으면 자신을 살릴 수 있고, 공적을 독점하지 않고 남에게 나누어주면 남을 살릴 수 있다. 그렇게 하면 도리에 맞는 삶을 살 수가 있다. 덕이 많은 사람은 재산이 없어도 풍요롭고, 높은 지위에 오르지 않아도 존경받는다. 돈과 권세는 한번 잃어도 다시 얻을 수 있지만, 신의를 한번 잃으면 다시는 돌이킬 수 없다.

마음을 움직이는 역사적 연설 1

나폴레옹

1796년 알프스 산맥을 넘어 이탈리아로 진격하기 위해서 자신의 병사들을 모아놓고 그는 다음과 같이 연설하였다.

"프랑스 정부는 제군들에게 많은 빚을 지고 있지만 해줄 수 있는 게 없다. 하지만 이제 나는 제군들을 세상에서 가장 비옥한 땅으로 인도할 것이다. 저 산맥을 넘으면 풍요로운 도시와 마을들이 제군들을 기다리고 있다. 거기서 제군들은 부와 명예 영광을 누리게 될 것이다."

추위와 배고픔에 지친 병사들은 알프스를 넘으면 있을 맛있는 빵과 고기, 와인을 상상했을 것이다. 젊음의 혈기가 왕성한 장병은 이태리 도시의 아름다운 아가씨를 그리면서 험한 준령을 넘었을 수도 있다. 인간의 원초적 욕망을 불러일으켜 불가능을 가능으로 만든 나폴레옹의 위대함을 본다.

나폴레옹은 병사들의 사기를 높이는 연설을 할 줄 아는 위대한 전략가였다. 어느 전투에서 승리한 후 그는 병사들 앞에서 "내가 여러분에게 건 기대를 결코 그대들은 저버리지 않았다. 이제 그대들이 두려워할 적은 이 세상에는 없다. 조국의 번영과 행복을 위한 임무를 마치면 나는 그대들과 함께 프랑스로 돌아갈 것이다. 나는 그대들이 프랑스에서 안락하게 여생을 마칠 것을 보장하는 바다."

영국의 엘리자베스 여왕

무적의 함대를 거느린 스페인과의 전쟁에 엘리자베스 여왕은 병사들 앞에서 다음과 같이 연설한다.

"나는 지금까지 부끄럽지 않은 삶을 살아왔다. 그것은 여러분의 충성과 믿음 덕분이었다. 전투가 임박한 지금 나는 제군들과 생사고락을 같이할 것이다. 신과 나의 왕국 그리고 나의 백성을 위한 일이라면 내 명예와 목숨까지도 티끌처럼 여길 것이다. 전투에서 승리하면 제군들에게 명예와 합당한 보상금을 내릴 것이다."

엘리자베스 영국 여왕의 만찬에 중국 관리들이 초대되었다. 양식을 먹어본 적이 없는 중국 관리들이 핑거볼(Finger bowl)에 담긴 손 닦는 물을 차인 줄 알고 마셨다. 여왕은 그들이 당황할까 봐 같이 마셨다. 중국 관리들이 마셨는데 그 물에 손을 닦으면 상대는 얼마나 난처하겠는가. 여왕의 훌륭한 매너다.

엘리자베스 1세가 왕위에 올랐을 때에는 영국은 유럽의 약소국이었다. 그러나 그녀는 영국과 이미 결혼했다라며 국가발전에 헌신하여, 영원히 해가 지지 않는 대형제국의 초석을 놓았다.

에바 페론

에비타는 사생아로 태어나 24세에, 48세의 후한 페론을 만나 열애 끝에 결혼했고, 군사정부 실력자였던 페론이 대통령이 되자 영부인이 되었지만 33세에 암으로 세상을 달리했다. 불꽃 같은 삶을 살다간 노동자 서민의 어머니이자 성녀인 그녀의 연설이다.

"나는 다른 사람들의 꿈이 실현되는 것을 지켜보기 위해서 내 꿈을 접었습니다. 나는 내 영혼을 내 민족의 제단 앞에 기꺼이 바칠 것과 온몸을 바쳐 여러분 모두를 미래의 행복으로 이끄는 다리 역할을 하겠습니다. 나를 밟고 지나가세요… 새로운 조국의 웅장한 미래를 향해서…"

뮤지컬 때문에도 우리에게 친근한 에비타, 그녀가 아직도 아르헨티나의 많은 국민들로부터 사랑받는 이유다.

맥아더 장군

맥아더 장군은 웨스트포인트 육사를 수석 졸업했고 1차 세계대전 때 최연소 준장, 최연소 5성 장군, 최연소 참모 총장 등 50년 넘게 군 생활 하면서 많은 일화를 남긴 우리와도 친밀한 인연이 있는 장군이다. 그는 많은 명연설을 남겼다.

죽음을 두려워하지 않는 사람만이 전장에서 살아남을 자격이 있다고 부하들을 독려했고 번영과 부, 자긍심과 자주성을 지키려는 나라는 언제나 스스로를 지킬 준비가 되어 있어야 한다고 했다.

전쟁을 촉발시키는 것은 무방비의 풍요임을 직시해야 한다라고 강조하면서 국방의 중요성을 항상 강조했다.

죽은 병사들을 애도하면서는 "그의 탄생이 어떠했는지는 모르지만 그의 죽음은 영광스러웠다는 사실 만큼은 너무나 잘 알고 있습니다."
라며 눈물을 흘릴 줄 알았다.

"노병은 죽지 않는다. 다만 사라질 뿐이다." 라는 멋진 퇴역인사도
했다. 노병의 경험과 지혜에서 나오는 심금을 울리는 연설임이 틀림
없다. 웨스트포인트 육사의 가치인 의무, 명예, 조국에 충실했던 평생
군인의 임무완수 보고문이었다.

조지 패튼 장군

조지 패튼 장군의 아버지는 사관학교를 졸업해서 군인이었고, 할아
버지 역시 군인으로 전투에서 전사했으며, 증조할아버지 역시 독립전
쟁 때 대륙군 장군으로 전장에서 전사했다. 조지 패튼의 아버지, 할
아버지 모두 버지니아 주립사관학교에 입학한 삼대 동창이다. 단, 조
지 패튼 장군은 버지니아 주립사관학교 1년을 다니다가 웨스트포인
트육사에 재입학했다.

패튼 장군은 영화에서와 마찬가지로 군화와 철모를 번쩍번쩍 광나
게 닦고, 겁 없이 전장을 누빈 후퇴를 모르는 진격의 장군이었다. 그
는 "우리는 멈추지 말고 진군해야 한다. 가솔린이 떨어지면 훔쳐서라
도 진군하라. 그 탓에 적이 후미에 놓이게 되는 것을 두려워 하지마
라. 이미 그들은 패잔병을 뿐이다. 참호를 파는 것에 괜한 힘쓰지 마
라.

과감하라… 과감하라… 항상 과감하라.

전장에 나가면 우리는 이기거나 지는 것이 아니라 이기거나 죽는
것이다. 그러니 우리는 과감해야 한다."고 연설했다. 그는 부하들보다
앞서서 진군했고 그로 인해 위험에 너무 많이 노출되어 참모들을 곤

혹스럽게 했다. 한 방울의 땀이 한 그릇의 피를 구한다며 혹독하게 부하들을 훈련시켰지만 병사들을 진정 아끼고 열정을 불어넣을 줄 아는 장군이었다.

또 그는 연설에서 "군기를 날선 상태로 유지하고 강화하지 못하는 리더는 전쟁을 패배로 몰고 가는 잠재적 살인자와 다름없다. 또한 전장에서 15분 더 버티는 쪽이 이긴다. 아무리 배고프고 지쳐도 적들은 더 지치고 더 허기져 있음을 잊지 말고 계속 공격, 진군하라…. 우리는 승리한다. 진군만이 살길이다. 죽기를 각오하면 산다는 진리의 반복이다."라고 외쳤다.

연설의 현장에 우리 자신들이 있었다고 생각해 보라!

우리 마음을 움직이는 연설에 동화되어 우리도 진군의 행보를 그들과 함께했을 것이다.

마음을 움직이는 위대한 연설 2

에이브러햄 링컨

유명한 건축가인 헨리 베이컨이 마지막 프로젝트로 링컨 기념관을 설계했다. 그리스의 고대 사원에서 그 모델을 따왔다. 서른여섯 개의 육중한 기둥이 건물을 에워싸고 있는데 그것은 링컨 당시 연방의 서른여섯 개의 주를 의미한다. 두 개의 작은 벽에 각각 케티즈버그 연설문과 링컨의 두 번째 취임연설문이 새겨져있다. 링컨 기념관은 집회장소로도 많이 이용되는데 1963년 마터 루터킹목사가 "나에게 꿈이 있습니다."라는 연설을 한 곳 역시 이곳이다. 민주주의 선언이자 자유를 향한 외침이 이 기념관에서 들려온다. 링컨의 케티즈버그의 연설문은 272단어로 된 짤막한 연설문이다. 케티즈버그 지역 전투에서 전몰한 장병들을 위해 전장 일부를 국립묘지로 조성하여 헌정식을 할 때 기조연설은 당시 명연설가로 유명했던 Edward Everett였다. 총 2시간의 그의 긴 연설 후에 2분간의 짧은 대통령의 연설이 민

주주의를 설명할 때 가장 많이 인용되는

Goverment of the people, by the people, for the people 이라는 구절이다.

연설이 끝나자 시카고 타임즈는 "대통령의 멍청하고 천박한 말투로 행해진 연설로 외국 지식인들에게 부끄러워 온 국민의 얼굴이 붉어졌다."라는 기사를 내보냈다. 영국의 더 타임즈는 "헌정식이 형편없는 링컨의 우스개로 어이없이 뒤죽박죽되고 말았다"고 평했다. 역사의 아이러니다.

두 번째 취임 연설문이다

"지금은 첫 취임식 때처럼 긴 연설을 할 때가 아니다."라며 허두를 꺼낸 링컨은 "이제 누구에게도 원한을 갖지 말고 모든 이를 사랑하는 마음으로 하나님이 우리에게 보게 하신 그 정의로움에 대한 굳은 확신을 가지고 우리에게 당면한 과제를 끝내려 노력합시다. 이 나라의 상처를 꿰매고, 전쟁의 부담을 짊어져야 했던 사람과 그의 미망인과 고아가 된 그의 아이들을 돌보고, 모든 나라들과 함께 정의와 영원한 평화를 다지는 데 도움이 될 모든 일을 다 하기 위해 힘을 다하여 노력합시다.

개인이나 조직이나 과거의 성공에 안주하고 현재의 편안함에 취하는 순간 정체는 시작되고 공동체는 석고같이 굳어 버린다. 로마에서 시민은 "뜻을 같이하는 자"였기에 인종, 출신지역, 신분에 관계없이 시민이 될 수 있었다.

반면 고대 그리스는 "피를 나눈 자로 생각"하고 혈연적 사고에서 벗어나지 못해 좁은 그리스 반도를 벗어나지 못하고 사라져 버렸다.

링컨의 국민사랑 연설문이다.

국민 여러분!

검소한 정신을 버리고서는 번영을 가져올 수는 없습니다.

강한 것을 약하게 함으로써 약한 것을 강하게 할 수는 없습니다. 부자를 무너뜨림으로써 가난한 사람들을 도울 수는 없습니다. 혐오하는 친구를 자극함으로써 우애를 증진시킬 수는 없습니다. 다른 사람의 진취적인 기상을 제거함으로써 자기의 용기와 인격을 내세울 수는 없습니다. 국민이 할 수 있고 또 스스로 해야만 하는 당연한 것을 해주기 위해 정부가 무거운 세금을 물린다면 진정으로 국민을 위해 돕는 것이 아니라는 사실을 명심해야 합니다.

우리가 이 시점에 새겨봐야 할 내용이다.

링컨의 부모는 글을 몰랐고 링컨 또한 정규 교육을 거의 못 받았다. 그러나 그는 피해의식에 찌들어 정치적 이익을 쫓는 정치꾼의 길이 아니라, 국민의 국민에 국민을 위한 정부, 하나의 조국, 노예해방 국가를 건설하기 위해 힘썼다. 개방과 포용정책으로 미국을 통합시키는 진정한 정치가의 길을 일관되게 걸었다.

개방성을 공동체의 기본가치로 삼았던 로마에서는 공동체가 지향하는 기본 가치의 인정이 로마 시민권 부여의 전제조건이었다.

사랑과 용서, 관용의 상징으로 존경받는 링컨도 미합중국 수호라는 목표 아래서 포용과 통합이었고 분열세력은 강력히 응징했다. 개방과 포용이 지도자의 기본 덕목이 되어야 하지만 원칙도 없는 관용과 포용이 공동체에 큰 해악을 끼치는 것도 엄연한 사실이다. 지도자의 목표는 공동체를 안전하게 유지하고 번영시키는 것이다. 개방과 포용을 비롯한 모든 덕목은 이 목표 안에서 인정된다.

노예들이 250년간 아무런 보상 없이 행한 노동의 대가로 축적된 모든 부가 사라질 때까지 전쟁이 계속되는 것이…. 링컨의 취임연설문에 사랑과 관용이 그의 가치이지만 공동체를 유지를 위한 각오가 잘 나타나있다.

공동체가 조국일 수도 작게 보면 우리의 회사일 수도 있다. 조직 존립의 기본가치를 훼손하고, 조직번영을 해치고 분열을 조장하는 집단과 세력은 사랑과 포용의 대상이 아니다. 단호하게 척결해야 할 대상일 뿐이다. 분명한 원칙과 목표가 자리 잡고 있어야 조직이 건재할 수 있다.

그리스 시대 아리스토텔레스가 플라톤에게 한 말이다.

마음에 호소하는 것은 머리에 호소하는 것보다 강하다. 머리에 호소하면 사람들이 고개를 끄덕이게 할 수 있지만 마음에 호소하면 사람들을 지금 당장 움직이게 만든다.

에르난 코르테스

에스파냐 귀족출신 에르난 코르테스는 식민지였던 쿠바에서 병사 500여 명과 열한척의 배를 타고 아즈텍을 정복하기 위해 출항했다. 유카탄 반도에 상륙하여 마야족들과 전투를 벌이면서 부족들을 점령해 나갔다. 그러나 단 500여 명으로 아즈텍을 정복하는 것은 불가능한 일이라 주장하는 일부 대원들이 있었다. 그 영향으로 아즈텍의 정복은 어려운 일이 되어가고 있었다. 코르테스는 이때 배수의 진을 쳤다. 쿠바로 돌아갈 수 있는 배들을 침몰시킨 것이다. 대원들의 항의에 그는 준비된 연설을 했다. "배 침몰의 책임은 나에게 있다. 원한다면 내 목숨을 가져갈 수 있다. 그러나 그것이 무사귀환을 보장하지 못한다는 사실을 직시해야 한다. 우리가 살아갈 수 있는 유일한 길은

저 아즈텍을 점령하는 일이다. 우리의 숫자는 적다. 그것은 정복에 실패할 확률이 높다는 게 아니라 승자에게 돌아갈 영광과 부귀가 그만큼 크다는 것을 의미한다." 이런 연설이 끝나자 대원들은 온전하게 남아있던 단 한 척의 배도 수장시켰다. 그렇게 함으로써 그들은 살기 위해서 죽음을 각오하고 진격해갔다. 총이나 대포에 관해서 미지인 인디언들을 공포에 몰아넣으면서 드디어 아즈텍의 왕 몬테수마 2세를 인질로 잡았다. 인구 5백만 명의 왕국이 에스파냐 500여 명의 정복자에 의해서 점령되었다.

나를 추스르는 법

중소기업을 운영하는 N 사장은 답답하고 회사 일이 풀리지 않아 고민스러울 때는 터미널이나 기차역으로 무작정 가서 버스나 기차를 타고 여행 아닌 여행을 떠난다. 아무런 준비도 없이 발길 닫는 대로 부산이면 부산, 군산이면 군산으로 가는 것이다. 낯선 도시를 밤새도록 쏘다니며 배고프면 밥 먹고, 술이 생각나면 소주 한잔 하고 그러다가 막차 아니면 다음날 첫차를 타고 올라온다. 그 나름대로 고민 해소 방법이요 스트레스 쫓는 방법이다. 버스나 열차 안에서 혼자 시간을 가지면서 복잡한 실타래를 단순화하고 낯선 도시에서 많은 사람들이 열심히 일상을 꾸려 나가는 것을 보며 마음을 다잡는 것이다.

지점장으로 근무할 때 일 년에 2~3번 노량진 수상시장을 직원들과 함께 새벽에 가서 판촉 활동을 했던 경험이 있다. 그들의 열심히 사는 모습에 나 자신이 동화되어 새로운 각오를 하기도 한다. 일찍 일어나기가 귀찮은 일이지만 갑갑하고 고민이 많을 때 마음이 확 터진다. 상사에게 질책 받아 나 자신이 한없이 작아지고 초라해질 때는 산에 올라가곤 했다. 혼자 서너 시간 묵묵히 오르다 보면 어느덧 나 자신이 정화되어 다시 충전됨을 느낀다.

울화가 치밀어 오를 때는 차 안에 음악을 크게 틀어놓고 목청껏 따라 무르며 분을 삭인다. 비 오는 일요일이면 커피 한 잔에 책을 읽으며 졸리면 자다가 일어나 깊은 명상의 시간을 갖는다. 여러 가지 잡다한 일들을 단순하게 정리하고, 여유를 가지려고 게으름에 젖는다.

자식이 속 썩이면 내 업보려니 내가 우리 부모님께 효도 못한 벌을 받는가 보다. 전생에 너에게 많은 빚을 졌나보다 생각하며 한없이 너 그러워지려 한다.

인생 뭐 별것이더냐

골치 아픈 모든 일 넓은 밤하늘에 날려 버리고, 떨어진 나뭇가지마냥 이불 위에 쓰러져 좋은 꿈꾸며 자고 활기차게 내일을 맞으면 되는 것이다.

부족한 듯 처신하기

팔푼이, 머저리, 맹구 같은 사람이 오랜 세월 사랑을 받아온 것은 사람들이 자기보다 잘난 사람보다는 조금 모자란 사람에게 더 호감을 갖기 때문이다. 매사 완벽하고 결점 하나 없는 사람은 존경의 대상은 될지언정 사랑의 대상이 되기는 어렵다. 어딘가 조금 부족한 사람은 나머지를 채워주려는 벗들이 많지만 흠 하나 없이 완벽해 보이는 사람에겐 함께하려는 동지보다 시기하거나 질투하는 적이 더 많다.

현대자동차에서 매년 판매왕을 선발하여 전국지점장회의 시 포상을 한다. 전국에서 10명을 선발하는데 12월이면 많은 카마스터가 10등 안에 들기 위해서 무진 애를 쓴다.

수천 명 가운데 10등 안에 들어가기란 여간 어려운 일이 아니다. 그런데 매년 포상자들 가운데 서너 명은 포상 시 늘 보던 인물이다. 단상위에 올라가서 전 지점장들의 축하 속에 포상받는 일은 영광스럽다. 그때 그들은 일 년의 수고를 잊을 것이다. 저자는 유능하고 잘 파는 세일즈맨의 외모는 어떤지, 고객들은 왜 그들을 좋아하는지 궁금

인문학 마케팅 --------------

하기도 해서 찬찬히 그들의 얼굴, 표정, 모습을 살피곤 했었다. 매년 유심히 살펴본 결과는 오히려 보통의 카마스터들보다 외모 면에서 보면 그다지 빼어나진 않았다. 오히려 시골티가 나고 순박한 모습들이 관찰되곤 했었다. 그 옛날 노자는 "군자는 성덕을 갖추되 어리숙하게 보여야 한다."고 하며 잘난 척하면서 어떻게 다른 사람들과 어울리겠는가라고 하였다. 많은 사람들이 그에게 차를 사고 또 찾는 것은 적어도 나에게 손해를 끼칠 사람이 아니라는 어리숙함과 순진함이 준 믿음, 덕이 아닐까.

어려움 가운데 가장 어려운 것은 알고도 모른척하는 것이라고, 그들은 어리숙함 속에 그런 지혜를 숨겨놓고 있는 것일지도 모른다. 최고의 웅변은 말을 더듬는 것처럼 보이는 것이라고, 그들의 순박한 말투는 고객에게 신뢰를 주기 위한 체험화 된 말투가 아닌가 싶다. 뻔지르르하게 말 잘하고 연예인 같이 잘생긴 외모는 오히려 고객에게 부담을 주고 거리감을 갖게 하여 세일즈에는 마이너스로 작용할 수도 있다. 그들의 어리숙한 처신 순박한 말투가 매년 영광스러운 자리에 설 수 있도록 일조한 한 요인이 아닌가 한다.

눈여겨볼 또 하나의 특징은 분노와 미움을 잘 극복한다는 것이다. 그들의 표정에는 웃음이 많았고 초등학교 선생님 같은 천진난만함이 있었다. 유능한 세일즈맨은 고객의 분노를 분노로 대응하지 않는다. 고객의 미움을 미움으로 나타내지도 않는다. 스스로 감정조절을 잘하고 마지막까지 인내한다. 그들은 다음과 같은 사실을 잘 알고 있다.

분노와 미움을 가지고는 싸움에서 이긴다 해도 승리자가 아니다. 진정한 승리자는 자기 자신의 분노와 미움을 이겨낸 사람이다. 그래서 그들은 마지막까지 인내하고 자기에게 상처를 준 고객과의 관계를 재정립한다. 고객을 끊임없이 용서한다. 용서는 단지 자기에게 상처를 준 사람을 받아들이는 것만이 아니다. 그것은 그를 향한 미움과 원망의 마음에서 스스로를 놓아주는 일이다. 그러므로 용서는 자기 자신에게 베푸는 가장 큰 베풂이자 사랑이다.

28년간 이후 복역한 만델라가 선거에서 승리가 확실시되자 남아공 백인들은 정치적 보복을 두려워했다. 그러나 만델라는 집권 뒤 과거사 문제에서 "잊지는 않지만 용서한다."는 원칙을 세웠다. 그는 흑인들의 반발을 감수하고 백인들에게 면죄부를 줬다. 그의 용서와 화해는 그 자신도 굴레에서 벗어난 일이었을 뿐 아니라 남아공에서 백인과 흑인이 어울려 살 수 있게 한 초석이 되었다. 그의 용서와 화해의 정신은 인류의 가슴 속에 영원히 남아있는 것이다. 서로가 잘났다고 아우성인 시대에 어리숙함, 천진함, 용서, 화해 등은 그리운 단어들이다.

복 없는 놈, 복 많은 놈

복 없는 놈
중학교 입학시험 치러 떨어지고
이불 뒤집어 쓰고 있었다.
고등학교 시험 치러 떨어지고
한 사흘 굶었다.
대학 입학시험 치러 떨어지고 개천가 허술한 선술집에서
막걸리에 취해 고래고래 소리쳤다.
재수 없는 놈, 복도 없는 놈, 지지리도 복 없는 놈
그도 그럴 것이
후기를 보거나 다음에 보면
아주 우수한 성적으로 합격했으니
입사하여 진급하려는 데
꼭 내 앞에서 승진 연한이 늘어났다 .
선배들은 2. 2. 3. 3

(대리2년, 과장2년, 차장3년, 부장3년 후 진급자격)
나 부턴 3, 3, 4, 4 에서 4, 4, 5, 5로
부장까지 10년이면 되었는데 어느 순간 18년 걸렸다
부장에서 임원 되려고 새벽, 밤 별 보기 열심히 했다.
능력도 인정받고 그러나 결정적일 때 내 윗사람이 바뀌었다.
합격 복, 시험 복, 승진 복 지지리도 없다 없어
복도 없다 없어 이렇게 없을 수가

그러나 참 복 많은 놈!
자식밖에 모르셨던 우리 아버지 어머니
온몸이 부서져라 자식 위해 한 평생
그 덕에 안 굶고 공부했네.
복도 많다 부모 복이 많기도 많다

내 형 내 누이 내 동생
집안에서 하나는 잘 되어야 한다며
자기들은 힘들어도
이 한 몸 위해주니
복도 많다 형제 복이 많기도 많다

나 하나 바라보며
순종과 헌신으로 지아비 섬기는
조강지처 내 아내 복도 많다 처복이 많기도 많다

딸아이 결혼해서 손자 낳고

아들 대학 마치고 든든하니
복도 많다 자식 복 많기도 많다
슬플 때나 기쁠 때나
함께 해줄 친구 많고
어려우나 힘들 때 도움 줄 선배 많으니
복도 많다 인복이 많기도 하다

무엇보다 건강하다
아직도 청춘이다
집안까지 평온하니
이 얼마나 큰 복인가
큰 복 잊고 복 없다
한탄한 내가 한심하다

제 3 장

문학으로 마케팅 지혜를 찾아서

인문학
마케팅

남과 비교하는 순간
행복의 파랑새는 멀리 날아간다.

　남자들의 모임이란 직업을 가졌을 때는 주로 직업과 관련된 모임이 주를 이룬다. 직장생활이면 동료, 부서, 회사모임이 대부분이요, 주제도 대부분 한정적이다. 오히려 그런 모임이 자연스럽다. 고만고만한 정서를 같이 하는 사람들과의 만남이다 보니 스트레스도 해소되고 재충전도 해 준다. 여자들의 모임은 결혼 전후가 달라지는 것 같다. 결혼 전에는 학교친구 위주의 만남을 갖다가 결혼 후에는 남편과 연관된 모임을 주로 갖는다. 아이가 어느 정도 자란 후에는 아이와 연관된 모임이 많다. 애도 크고 직장이나 직업에서 어느 정도 시간을 낼 수 있는 위치에 이르면 동창, 취미, 사회모임 등에도 관심을 갖는다. 여러 직업군의 사람들, 잘나가고 있는 사람들, 애를 잘 키운 부모들 등등 다양한 사람과 모임을 갖다 보면 여러 가지 문제들이 나타난다. 그런데 문제는 다른 사람과 나를 비교하는데서 생긴다. 우리 삶이란 결코 무엇과 무엇을 단순 비교할 수 있는 성질의 것이 아닌데도 비교한다. 비교의 대상이 참 묘하다. 모임 중에 가장 잘난 사람과 꼭 비교해서 나를 뒤돌아보는 것이다. 기업을 일궈서 큰 부자가 된 고등학교 동기와 비교하여 나를 초라하게 하고, 고위공직자로 지내다가 정치인이 되어 시장을 하고 있는 친구와 비교해서 나를 작게도 한다. 한 분야에 일가견을 이루어 누구라 하면 다 알 정도의 유명인사와 비교해서 또한 자신을 움츠리게도 만든다.

여성들의 비교는 더 본질적이고 자극적이다. 우선 외모와 차림새부터 서로 비교한다. 외관의 비교가 끝난 후 은밀하고 세밀한 비교가 시작된다. 남편 재산의 비교, 각자 자녀들의 비교까지 마친다. 그리고 자신뿐만 아니라 남편과 자식에 대한 복잡한 속내를 끊임없이 되새김하며 꾸역꾸역 몸속으로 질투를 밀어 넣는다. 우리들 삶이란 각자 삶 속에 고유한 맛들이 있을 텐데 사회라는 큰 덩어리에 압도되어 개인의 기준은 사라지고 돈, 명예, 권력들이 전면에 비교 대상으로 등장한다.

19세기 실존철학자 키에르케고르는 '천국으로 가는 시'에서 "신이 내게 소원을 묻는다면 나는 부와 권력을 달라고 청하지 않겠다. 대신 식지 않는 뜨거운 열정과 희망을 바라볼 수 있는 영원히 늙지 않는 생생한 눈을 달라고 하겠다. 부와 권력으로 인한 기쁨은 시간이 지나가면 시들지만 세상을 바라보는 생생한 눈과 희망은 시드는 법이 없으니까." 이렇게 노래했다.

성철스님은 우리 인간이 경계해야 할 질병과 같은 욕망을 돈 병, 이름 병, 여자 병이라 했다. 그만큼 독성을 가진 떨어지지 않는 악성 암이다.

너와 나의 만남, 너희들과 우리들의 만남, 모임과 모임의 만남에서 최상위에 있는 돈, 명예, 권력이라는 욕망대상이 사회구성원들의 의식구조, 가치 속에서 그저 필요한 곳에 제자리를 잡고 있으면 인간사가 더욱 단순할텐데 말이다. 개인의 행복은 자기 자신의 마음가짐에 달려있다고 했다. 우리는 영예로움, 기쁨, 열망, 여유 속에서 행복함을 느낀다.

헬렌 켈러의 '사흘만 볼 수 있다면'이라는 시

"만일 내게 유일한 소원이 하나 있다면 그것은 죽기 전에 꼭 사흘 동안만 눈을 뜨고 세상을 보는 것이다. 나는 내 눈을 뜨는 첫 순간 내 스승 앤 설리반을 찾아갈 것이다. 그 인자한 얼굴 아름다운 몸매를 내 마음 깊숙이 간직해둘 것이다. 그다음엔 내 친구들을 찾아갈 것이며, 그다음엔 들로 산으로 산책을 나가리라. 바람에 나풀거리는 아름다운 잎사귀들, 들에 핀 예쁜 꽃들과 저녁이 되면 석양으로 빛나는 아름다운 노을을 보고 싶다. 다음날 일어나면 새벽에는 먼동이 트는 웅장한 광경을 그리고 저녁에는 밤하늘에 별을 보며 또 하루를 보낼 것이다. 마지막 날에는 일찍 큰길에 나가 출근하는 사람들의 얼굴 표정들, 오후에는 영화관에 가서 영화를 보리라. 어느덧 저녁이 되면 건물 숲을 이루고 있는 도시 한복판으로 나가 쇼윈도에 진열된 아름다운 물건들을 보면서 집으로 돌아올 것이다.
그리고 눈을 감아야 할 마지막 순간 사흘 동안이나마 눈으로 볼 수 있게 해주신 나의 하나님께 감사의 기도를 드리고 영원히 암흑의 세계로 돌아가리라."

각자의 삶은 비교의 대상도 아니다. 행복은 스스로 찾는 것이다.

남과 비교하는 순간 행복이라는 파랑새는 멀리멀리 날아가고 시기와 질투의 깃을 단 불행의 새가 우리 마음속에 보금자리를 튼다. 자연의 오묘함과 그 신비스런 아름다움에 조용히 다가가 내 자아를 그 속에 잠들게 하여 평온한 나만의 꿈을 꾸자. 성숙한 사회에서는 휴먼파워, 지식파워가 중시되지만 미성숙한 사회에서는 그저 물질적인 조건들만 따지고 든다. 우리들 그리고 너희들 모두 성숙한 사회의 구성원들이다.

8미터의 내 나무

영국의 극작가 버나드쇼 묘비명에 이렇게 쓰여 있다.

I knew, if I stayed around long enough, something like this world happen.

"우물쭈물하다가 내 이럴 줄 알았다."

아마도 더 하고픈 일에 대한 아쉬움, 시간의 한계 앞에 이루지 못한 꿈을 그는 자조와 농을 담아 이렇게 표현한 게 아닌가 싶다. 일대를 풍미한 작가도 이와 같이 생각했는데 하물며 우리 같은 평범한 인생은 묘비명에 뭐라 적어야 할지…. 생각해 보면 우리 산소에서 흔히 볼 수 있는 학생이란 참 좋은 표현인 것 같다.

하루하루 무의미하게 보내다 보면 어느새 죽음의 신이 나의 방문을 두드린다.

매일 하루는 인생이라는 일기장에 비어 있는 한 페이지이다. 성공의 비결은 여러분의 일기를 가능한 한 가장 훌륭한 이야기로 메꾸는

데 있다. 역경을 이겨낸다는 것의 의미와 실제 이겨낸 경험을 일기장에 적어보자. 열정과 모험심 배움 웃음이 가득한 이야기들로 가득 채워 보자. 매년 새해마다 얼마나 놀라운 선물을 가져다주는가? 한 해 365일은 우리가 마음껏 활용할 수 있는 멋진 기회이다. 매일매일 아침 태양은 솟아 하루라는 형태로 우리에게 선물을 전한다.

우리가 맞는 하루하루는 평범한 날로 보이지만, 우리 모두가 이러한 시간들 속에서 특별한 가치를 만들어 내기도 한다. 우리에게 주어진 하루를 알차게 보내면 일 년 후 그 결실이 10센티 자랄 것이라 생각해보자. 10년 후면 100센티 자라고 팔십 인생이라 치면 우리의 나무들은 8미터의 거목으로 성장해서 우리의 명찰을 달고 있을 것이다.

고요함 속의 성찰

객중 − 송 익필

나그네 살쩍 온통 흰 눈과 같고
사귐의 정 모두다 구름인 것을
시련 속에 사물이치 분명해지고
적막해야 마음근원 드러난다네
세상 멀어 누구 말을 믿어야 할까
외론자취 헐뜯음 분간 안 되네
산꽃은 피었다가 다시 또 지고
강달은 둥글었다 이지러지네

나그네로 떠돌다 물에 비친 낯을 보니
어느새 서릿발이 성성하다
친구들도 구름처럼 흩어져 없다

간난의 시간을 겪고 나니 세상이치가 보인다
적막 속에 자신과 대면하는 동안
내 마음의 길이 보인다
세상길은 이미 비껴있으니
이리저리하는 말에 마음 쓰지 않으리
홀로 가는 길에 이런저런 비방에
개의치 않겠다
꽃은 피었다가 지고
달은 찼다가 기우니
일희일비할게 없다
역경 없이 순탄하기만 한 삶은 무료하다
고요 속에 자신을 볼 줄 알아야 마음의 길이 보인다
시련 때에 주저앉지 말고
적막의 날에 무너지지 말라
이지러진 달이 보름달이 되고
눈 쌓인 가지에 움이 트고 꽃이 핀다

　돈은 웬만큼 있는 것 같은데 한국인은 여전히 불행해 하고 목말라 한다. 우리의 불행감은 남과 비교하는데서, 남을 이기려 하는데서, 돈을 더 가지려 하는데서 또는 사회적 인정에 대한 목마름에서 오는 것이 아닌가 싶다. 자기 자신보다도 남에게 더 있어 보이고 또 잘나 보이고 싶어 한다. 이렇게 보이는 데에 집착할수록 삶은 힘들어질 수 밖에 없다. 중심이 없기 때문이다. 다른 사람의 눈을 통해 자신을 보기 때문이다. 위 시 구절과 같이 이제 남을 너무 의식하고 남과 비교하지 말고 적막 속에 자신과 대면하며 자기만의 거울을 닦고 그 거울

속에 비친 나를 성찰했으면 한다.

제갈공명은 아들에게 가르친 글에서 "군자의 행실은 고요함으로 몸을 닦고, 검소함으로 덕을 기르고, 담백함이 없으면 뜻을 밝힐 수 없고, 고요함이 없으면 멀리 도달치 못한다."라 했다. 자기 내면을 고요히 깨끗이 하여 참선하는 정좌의 시간이 필요하다.

평정심을 유지하고 본연의 모습을 찾아라.

첫 지점장을 나가면 누구나 의욕적으로 일을 추진한다. 나 역시 본사 스텝부서에 있다가 첫 지점장으로 발령받고 보니 성공적으로 임무를 완수하고 싶었다.

부임 받은 지점은 몇 년간 판매 부진으로 어려운 처지에 있었고 또한 강성 노조원이 대부분으로 지점장의 경험이 없는 초짜가 근무하기에는 벅찬 지점이었다.

솔선수범과 희생정신이야말로 새내기 지점장이 성공적으로 지점을 이끌어 갈 수 있는 최선의 방법이라 생각하며 새벽부터 밤늦게까지 시장을 개척하고 직원들과 고민하면서 하루하루 힘들게 보냈다.

아침 일찍 출근하여 지점장 방에서 하루 일을 계획하고 있을 때 지점 밖에서 정시출근 투쟁을 하며 지점 직원들인 영업노조원들이 외치는 구호 소리를 들으면서 참담해했다. 퇴근 전에 밀린 업무처리 하느라 지점장실에 있으면 사무실에서 노조모임을 하며 지점장을 성토

하는 소리를 들으며 가슴 아파했던 때도 있었다. 나는 그럴 때면 조용히 잘 정리해 놓은 다음 글을 읽으며 마음을 진정시켰다. "교황 집무실에 걸려 있는 글"이다

교황도 인간사 세상사 고민에서 자유로울 수 없을진데 하물며 나 같은 사람은 오죽하랴.

이렇게 생각하며 냉정함을 유지했다. 또한 그들을 미워하지도 않았다. 아직도 그때 직원들과 연락이 닿으며 정을 나누는 것은 귀한 다음의 글에서 힘입은 바 크다.

교황 집무실에 걸려있는 글

진정 바라는 것 —맥스 어만

소란스럽고 바쁜 일상 속에서도 침묵 안에 평화가 있다는 사실을 기억하십시오.

포기하지 말고 가능한 모든 사람들과 잘 지내도록 하십시오.

조용하면서도 분명하게 진실을 말하고 어리석고 무지한 사람들의 말에도 귀를 기울이십시오. 그들 역시 할 이야기가 있을 테니까요.

목소리 크고 공격적인 사람들을 피하십시오. 그들은 영혼을 괴롭힙니다.

자신을 다른 사람들과 비교하면 자신이 하찮아 보이고 비참한 마음이 들 수도 있습니다.

더 위대하거나 더 못난 사람은 언제나 있기 마련입니다.

당신이 계획한 것뿐만 아니라 당신이 이루어낸 것들을 보며 즐거워하십시오.

아무리 보잘것없더라도 당신이 하는 일에 온 마음을 쏟으십시오.

그것이야말로 변할 수밖에 없는 시간의 운명 아래서 진실로 소유할 수 있는 것이기 때문입니다.

모든 일에 주의를 쏟으십시오. 세상은 속임수로 가득하기 때문입니다. 그러나 세상에 미덕이 있다는 것을 모르고 지나치지는 마십시오.

많은 사람들이 높은 위상을 위해서 애쓰고 있고 삶은 영웅적인 행위로 가득 차 있기 때문입니다.

당신 본연의 모습을 찾으십시오. 가식적인 모습이 되지 마십시오. 사랑에 대해서 냉소적이 되지 마십시오. 아무리 무미건조하고 꿈이 없는 상태에서도 사랑은 잔디처럼 돋아나기 때문입니다.

나이 든 사람들의 충고는 겸손히 받아들이고 젊은이들의 생각에는 품위 있게 양보하십시오. 갑작스러운 불행에서 자신을 보호하려면 영혼의 힘을 키워야 합니다. 그러나 쓸데없는 상상으로 스스로를 괴롭히지 마십시오. 많은 두려움은 피로와 외로움에서 생겨납니다.

자신에게 관대해지도록 노력하십시오. 당신은 나무나 별들과 같이 우주의 자녀입니다. 당신은 이곳에 머무를 권한이 있습니다. 그리고 당신이 느끼든 느끼지 못하든 우주는 그 나름의 질서대로 펼쳐지고 있습니다. 그러므로 하나님과 평화롭게 지내십시오. 당신이 그분을 어떻게 생각하고 당신이 소망이 무엇이든 시끄럽고 혼란한 삶 속에서도 영혼의 평안을 간직하십시오.

서로 속이고, 힘들고, 꿈이 깨어지기도 하지만 그래도 세상은 아름답습니다. 늘 평안하고 행복하려고 애쓰십시오.

사랑하면 미운 사람도 예뻐 보이고 미워하면 예쁜 짓도 밉게 보인다. 모든 것 사랑하라! 사랑하는 마음이 답이다.

역사를 바꾼 결단

주사위는 던져졌다. 로마로의 진격이다.
회군하라. 우린 개경으로 간다.

　기원전 49년 케사르는 갈리아 총독으로서 전쟁 와중에 자신을 견제하던 로마 원로원의 소환을 받는다. 삼두정치를 와해시킨 폼페이우스와 케사르의 힘을 우려한 보수 원로원의 소환이었다. 로마로의 귀환은 케사르에게 죽음을 의미하는 것이었다. 루비콘강에 다다른 케사르는 고민하지 않을 수 없었다. 군대를 이끌고 이 강을 건너면 고국이 내전에 휩싸이게 되고 강을 건너지 않으면 내가 비참한 죽음을 맞는 것이다. 그는 결국 전자를 택한다. '주사위는 던져졌다.' 로마로의 진격이다. 루비콘강을 건너 로마로 진격해 들어갔다. 그때가 케사르의 나이 51세였다. 폼페이우스와 원로원의 군대는 남하하여 케사르의 군대와 맞섰다. 드디어 파루살루스 평원에서의 최후결전에서 병력과 기병의 수에서 우세했던 폼페이우스는 실전경험이 풍부한 케사르의 군대에게 패하게 된다. 그는 이집트로 도주하였으나 이집트왕은 부하에게 살해를 지시한다. 그리고 알렉산드리아에 입성한 케사르에게 그의 목을 진상한다. 케사르는 그의 딸 줄리아를 자기보다도 6살이 많은 폼페이우스와 결혼시키며 한때는 돈독한 관계를 가졌으나 딸이 죽고 과거의 사위가 원로원과 한편이 되어 자기를 사지로 몰아넣는 데는 전투 외에는 다른 방법이 없었다고 생각했다. 케사르는 그 당시 폼페이우스의 아내였던 코르넬리아에게 예를 갖춰 사위의 목을 전달하게 했다. 케사르는 복잡한 것을 좋아하지 않았다. 전장에서 적을 격파하고 나서 "왔노라, 보았노라, 이겼노라"라는 단 세마디 보고서를 원로원에 보냈다. 전쟁이란 죽느냐 사느냐, 이기느냐 지느냐 하는 단순한 게임이다. 하지만 정치는 그렇게 단순하지가 않고 늘 바람이 불기 마련이다. 그는 그가 가장 아끼고 친아들처럼 여겼던 브루투스에게도 버림받았다.

브루투스, 너마저도…. 비통한 외침을 남긴 채 케사르는 영웅적인 일생을 마감했다.

그 시기로부터 1430여 년이 흐른 뒤, 한반도 고려에서도 비슷한 일이 벌어진다. 서기 1338년에 발생한 위화도 회군이다. 공민왕은 원나라로부터 철령 이북지역을 되찾아온다.

원을 이은 명나라 주원장은 자국의 영토라며 철령위를 설치하겠다고 반환을 요구한다. 고려는 명나라의 요구에 반발해 요동정벌에 나선다. 이성계는 4가지 불가론을 들어 반대하지만 실력자 최영과 우왕의 강력한 주장에 어쩔 수 없이 요동정벌에 나선다. 당시 이성계와 힘을 합하여 최영은 실권을 쥐고 전횡을 일삼았던 친원파 세력인 이인임을 축출하고 실권을 쥐고 있었다. 그런데 위화도로 향하던 중 폭

우로 압록강은 물이 불어나 건너기조차 어렵고 장마철에 군량미는 썩어 배고픔으로 병사들의 사기는 말이 아니었다. 열병이 돌아 죽어가는 병사들이 부지기수였고 그 와중에 탈영병이 속출하였다. 이성계는 간절히 회군을 조정에 청하였으나 받아들여지지 않았다. 고민 끝에 요동으로 진격하려 했지만 이번에는 조인수를 포함한 장군들이 회군을 간청했다. 최영 장군에게 마지막으로 회군을 간청하지만 그것도 묵살 당하자 이성계는 우린 "개경으로 간다."라며 회군을 한다. 개경으로의 귀환은 어명을 어기는 반역의 행위요 고려로서는 내전을 치러야 하는 불행한 일이었다.

우왕과 최영은 이성계의 군대에 맞서 대비하지만 결국 개경이 함락되고 최영은 귀향길에 오른다. 우왕을 폐위하여 강화도로 귀향 보내고 실권은 이성계와 조민수에게 주어진다. 이성계의 나이 53세였다.

케사르가 루비콘강을 건널 때 51세, 이성계가 위화도에서 회군할 때 53세였다. 그 당시 평균수명을 다 넘긴 나이이었다. 농민이 루비콘강을 건널 때는 역사에 기록돼 있지 않았지만 케사르가 루비콘강을 건넜을 때는 역사에 기록됐다. 피비린내 나는 권력투쟁 끝에 위화도 회군은 조선건국의 시발점이 됐다. 순간순간의 결단들이 역사를 만든다.

화향천리행 인덕만년훈

(花香千里行 人德萬年薰)

꽃향기 천리를 가지만 사람의 어진 덕은 만년 동안 훈훈하다.

사람의 고귀한 덕성은 그 사람이 죽은 뒤에도 오랫동안 사람들에게 훈훈함을 준다. 인간의 욕망은 끝이 없어서 절제라는 브레이크를 잡지 않으면 종착은 충돌이다.

소욕지족이라 했다. 천년만년 살 것 같이 움켜쥐고 발버둥 쳐 봐야 죽어지는 인생이다. 어차피 가는 인생 왔다 갔다는 흔적은 남겨야 되지 않겠는가.

내 아들딸이 아버지 나를 어떤 아비로 기억되길 내가 원하느냐…. 그렇게 인생에 흔적을 남기면서 살자. 남을 따라가면서 허겁지겁 살지 마라. 원래 남의 떡이 커 보인다. 듣고 보고 있으면 남들은 다 걱정 없이 잘살고 있는 듯 보인다. 천석꾼은 천 가지 걱정이 있고 만석

꾼은 만 가지 시름이 있다 하였다. 오고가는 사람들도 나와 똑같은 삶을 살고 있을 뿐이다. 남을 따라가면서 사는 삶, 비교하면서 사는 삶, 내 인생은 없어지고 남의 인생을 사는 것이다. 흔히들 하는 자식 비교 하지 말아라. 바꿀 수도 어찌할 수도 없는 일 아니던가. 못났거나 잘났거나 가장 귀하고 귀한 우리들의 분신이다. 남의 삶 시기하지 말고 내 삶 누리는 것에 신경 쓰며 매 순간순간 충실하게 살아라. 작은 것에 만족하는 삶, 욕심이 작으면 만족은 커진다. 만족할 줄 알면 욕됨을 면한다.

소설가 유현종의 미리 쓴 유서이다.

"아비는 평생 원고지 칸만 메우며 살아왔다. 그러다 보니 눈먼 돈 받아본 적도 없었고 잘 봐달라며 주는 뇌물 한 푼 받아본 적이 없었다. 그렇게 깨끗이 살았으니 행복하다. 그리고 세상에 내가 제일 좋아하는 일로 밥 먹고 사는 사람이 얼마나 되겠나. 마지못해 목구멍이 포도청이라 일을 하지만 나는 그 좋아하는 일로 일용할 양식을 구하며 살아왔으니 다시 태어나도 작가가 되련다".

좋아하는 일 하며 사는 것이 행복이다.

청나라 강희제는 고별상유에서 자식들에게 당부하기를 "한 가지 일에 부지런하지 않으면 온 천하에 근심을 끼치고 한순간을 부지런하지 않으면 백대 천대에 우환거리를 남긴다."면서 부지런히 백성들의 마음을 헤아리고 고달픔을 달래주라고 했다.

위대한 예술가들의 마지막 말은 한 편의 시다.

괴테는 그의 인생에 돈과 명예 여자가 항상 있었다. 83세까지 장수하며 부, 권력, 명예를 두루두루 다 누린 다복한 시인이었다.

더 많은 빛을! 천재시인의 마지막 인사였다.

37세 요절한 천재시인 푸슈킨은 대단한 미인이었던 아내 나탈리아에게 치근덕거리는 사람과 결투를 벌이다 중상을 입었다. 그로 인해 죽게 된 그는 아내에게 "내 죽음 때문에 자책하지 마시오. 이것은 다 내가 스스로 저지른 일의 대가요." 라며 아내를 달랬다.

'삶이 그대를 속일지라도 슬퍼하거나 노하지 말라.' 우리 입에 자주 오르내리는 그의 시 구절이다.

독일 낭만파 시인 하인리히 하이네는 잠행성 매독으로 장기간 침대에서 누워서 생활했다. 그리고 하나님께 용서를 빌며 삶을 정리했다. '하나님은 분명 나를 용서하실거야 그게 그분의 직업이거든.'

러시아 문호 톨스토이는 부유하고 전통 있는 귀족가문에서 태어났다. 평소 검소하고 겸손한 삶을 살았던 그는 휴머니스트로서 죽음 또한 간소했다. 세속적인 것을 다 버리고 마지막 여행을 떠나서 시골 오두막에서 폐렴으로 숨을 거두며 "그래, 이것이 끝이로구나… 별것도 아니로구나…." 위대한 시인들의 마지막 말들이다.

반면 독재자, 폭군, 일류에게 많은 고통을 남겨준 그들 역시 죽음 앞에서는 나약한 존재 그 이상도 이하도 아니었다.

로마제국 폭군의 상징 네로는 거세당한 미소년 아내인 스포로스와 함께 도망치다 경동맥을 긋고 자살했다. 그의 나이 31세였다. "위대한 예술가는 가고 세계는 혼란스러워지는구나." 그의 희극적인 마지막 하직 인사였다.

아돌프 히틀러는 에바 브라운과 지하벙커에서 결혼식을 올린 후 전세가 점점 가능 없자 자살을 택한다. 그는 에바 브라운에게 청산가리를 먹인 후 자신의 이마에 권총을 대고 삶을 마감했다. 포로가 되는 모욕을 피하기 위한 마지막 수단이었다. 무솔리니 역시 총살을 당했다. "내 심장을 쏴라"라는 마지막 말을 총탄과 함께 삼켜야 했다. 독재자나 폭군들의 마지막 길은 인생의 아름다운 마무리와는 거리가 멀었다. 다음은 우리가 한 번쯤 가슴에 품음 직한 유언들이다.

에도 막부 시대를 연 이에야스의 유훈이다.

"사람의 일생은 무거운 짐을 지고 먼 길을 가는 것과 같다. 서두르지 마라. 무슨 일이든 마음대로 되는 것이 없음을 알면 오히려 불만 가질 이유도 없다. 마음의 욕심이 일어날 때는 궁핍했던 시절을 떠올려라. 인내는 무사장구의 본분이니 분노를 적으로 알라. 이길 줄만 알고 질 줄 모르면 해가 그 몸에 이르느니라. 오로지 자신만을 탓할 것이며 남 탓하지 마라. 모자람은 지나침 보다 나으니라. 제 분수를 알아라. 풀잎 위의 이슬도 무거우면 떨어지기 마련이다."

대영제국을 구한 바다의 신, 전투로 눈 하나와 팔 하나를 잃은 국가의 영웅 호레이쇼 넬슨은 타의 추종을 불허할 정도로 영국 국민의 존경을 받고 있으며 런던의 트라팔가 광장 중심에 넬슨 기념관이 있다.

트라팔가 해전에서 죽어가는 영웅의 태도에 감동을 받아 목이 메어 하디는 넬슨의 얼굴에 입을 맞췄다. 넬슨의 의식은 희미해져가고 그는 다시 한 번 넬슨의 얼굴에 입을 맞췄다. 넬슨은 키스한 사람이 누구인지 물었다. 그리고 하디라는 얘기를 듣자 한마디를 덧붙였다.

신의 가호가 있기를 바라네, 하디!

승리의 보고를 들었을 때 넬슨은 "신에게 감사한다. 나는 나의 의무를 다했다." 라는 말을 남기고 숨을 거뒀다. 그의 몸에 박혔던 탄환은 현재 윈저성에 전시되어 있다. 장례는 국장으로 치러졌으며 성 바울 성당묘지에 시신이 안치되어 있다.

인생의 끝을 바라보는 것, 죽음을 생각하며 인생관을 재정립해 보는 일은 삶을 더 알차고 값지게 꾸릴 수 있는 길이 아니겠는가. 재물은 삼대를 보존하기 힘들지만 그가 쌓은 덕과 그의 이름은 역사의 페이지 속 어딘가에 남아 영원히 잊혀지지 않을 것이다.

불굴의 의지

영국의 정치가 제임스 맥도날드1866 ~ 1937는 다음과 같이 말했다. 훌륭한 선장은 폭풍우를 만나도 무모하게 대항하는 어리석은 짓은 하지 않는다. 그렇다고 절망해서 풍랑에 배를 맡기지도 않는다. 최후의 순간까지 온 힘을 다하여 살길을 찾으려고 노력한다.

윌리엄 어레스트 헨리1819 ~ 1903의 나는 내 영혼의 선장

온 세상이 지옥처럼 캄캄하네
나를 뒤덮는 밤의 어둠속에서
나는 어떤 신이든 내게 불굴의 영혼 주심에 감사드린다.
가혹한 상황의 손아귀에서도
나는 움츠려들거나 소리 내어 울지 않으리.
운명의 몽둥이에 수없이 두들겨 맞아
내 머리가 피투성이가 되어도 나는 굴하지 않으리.

분노와 비탄 너머에
어둠의 공포만이 섬뜩하게 떠오른다.
그러나 세월의 위협은 지금도 앞으로도 내 두려워하는 모습을 보지 못하
리라
상관치 않으리라. 천국 문 아무리 좁고
운명의 두루마리에 어떤 형벌이 적혔다 해도
나는 내 운명의 주인이요
나는 내 영혼의 선장이다.

    시인은 결핵성 골수염을 앓아 25세 때부터 한쪽 다리를 절단했는데도 굴하지 않고 열정적인 삶을 살았다. 그리고 이 시는 넬슨 만델라가 감옥에 갇혀 지낸 27년 동안 애송한 시이기도 하고 그에게 불굴의 용기를 잃지 않게 해준 시이기도 하다. 이스트 우드 감독의 우리가 꿈꾸는 기적 '인빅터스'에서 소개되어 널리 알려졌다. 자신의 삶을 소중히 여기는 사람은 자신의 삶과 다른 사람의 삶을 비교하지 않는다. 먼 미래에 있을지도 모를 행복이 아니라 지금 행복하게 지내는 것이 중요하다 생각한다. 또한 지금 하고 있는 일이 가장 소중한 일이며 정성을 쏟는 만큼 반드시 자신에게 돌아올 것으로 믿는다. 어떠한 역경 속에서도 불만을 품지 않고 실패를 해도 좌절하지 않으며 그렇다고 성공을 해도 자만하지 않는다.
    미국의 흑인 운동가 마틴 루터 킹 목사는 흑인들에게 자신의 일에 소명의식을 갖고 최선을 다하는 것이 인권을 회복하는 일이요 우리의 권리를 찾는 길이라 했다.
    어떤 사람에게 청소부란 이름이 주어진다면 그는 미켈란젤로가 그림을 그렸던 것처럼, 세익스피어가 글을 썼던 것 같이, 베토벤이 곡을

만들었던 것처럼 그렇게 해야 한다. 그 청소부가 그 거리를 너무나 잘 쓸어서 하늘, 땅의 모든 천사가 그 길에 모여서 이 거리에 그토록 훌륭하게 자기 일을 하던 청소부가 살았었다고 칭찬을 하는 정도는 되어야 한다고 연설했다.

어떤 일을 하던지 소명의식을 갖고 완수하라는 것이다. 미국의 자동차 판매왕 조지 라드는 250명 법칙에서 한사람의 고객을 잃으면 곧바로 250명의 고객을 잃게 되는 결과가 된다 하였다. 이런 신념을 가지고 한 사람 한 사람에게 온갖 정성을 쏟았다. 한사람의 가치를 250배로 높이 평가한 것이다. 이렇게 충성고객이 된 한 사람이 250명을 소개하고 2단계로 가면 6만 2500명이 된다. 3, 4단계를 거치면서 기하급수적으로 늘어나 온 국민의 수보다 계산적으로는 많아진다.

스칸디나비아 항공의 CEO 얀 칼슨의 100-1=0이론에 따르면 백번의 고객 접점에서 99번 만족시켰으나 한 번의 잘못을 하면 99번은 물거품이 되고 결국 0이 되어 그 고객은 떠난다는 것이다.

마지막까지 온 힘을 다하고 불굴의 의지로 역경을 헤쳐나가면서 우리의 소명을 완수하는 자에게 신의 축복이 있으리라.

청춘의 시간

    청년들이 꿈을 잃어가는 나라는 희망이 없다. 새해에는 청년들이 마음껏 열정을 바칠 수 있는 일자리를 많이 만들어야 한다. 그리하여 청년실업이나 80만원 세대니 하는 말들

이 땅에서 완전히 사라지기를 소망한다.

나무에게도 겨울은 시련의 계절이다.

이 시기에 나무는 제 몸의 수분을 다 털어낸다.

그래야 얼어 죽지 않고 혹한을 이겨낸다.

그리고 봄이 되면 어김없이 파릇파릇한 잎사귀가 돋아나고

생명력 넘치는 신록의 세계를 연다.

취업을 못 한 이 땅의 청년들도 시련의 시기를 슬기롭게 견뎌내기를 소망한다.

좌절을 안 해보면 삶의 중요한 부분을 잃는 것 같다는 말이 있다. 실패란 성공의 한 과정일 수 있다. 한때의 일등이 그 뒤의 삶까지 일

등이 되는 경우를 나의 경험으로는 별로 본 적이 없다. 아들의 삶은 아들의 것이다.

인생에서 가장 아름다운 청춘의 시간을 진지하게 보내지 않고 빈둥 빈둥 게임이나 채팅으로 낭비하지는 마라.

돌아보면 얼마나 소중한 시간인지 모른다.

아들아 야외에 나가보면 봄 냄새가 물씬 난다. 소중히 하거라.

세월은 빨라 어~ 하다보면 청춘의 한 때가 다 지나간다.

항상 늦었다는 생각이 들 때 그때 시작하면 된다.

너무나 소중한 이 때를 소홀히 보내는 것 같아 안타까울 뿐이다.

나무는 고요하고 싶으나 바람이 자지 않는다

부모 또한 평안하고 싶으나 자식들이 근심 걱정 몰고 온다.

아들에 대한 노래

아들이 입원해서 수술을 했다. 우연히도 애비랑 똑같은 부위인 왼쪽 무릎 십자인대 재생수술이다. 직장 때문에 새벽에 대전으로 내려오면서 기도를 했다.

주여! 우리 아들…. 소중한 아들!

무탈하게 완벽하게 수술해 주소서!

의사의 손이 아니라 하나님의 손으로 수술 후에는 종전보다 더 완벽하고 건강한 무릎을 달라고 기도를 했다. 내내 걱정이 된다. 다행히 수술 잘 마쳤단다. 통증이 심해서 진통제를 맞아단다. 엄마가 고생이다. 통증은 없어지고 퇴원해서 뛰어다녔으면.

아들은 태어나자마자 태열로 병원 신세를 졌다. 어릴 때부터 천식이 있어 병원을 자주 찾았고 천식이 잠잠해져서는 아토피와 비염으

로 고생했다. 잘 견뎌주고 참아준 아들에게 미안하고 잘 자라줘서 고
맙다. 어느 날 썼던 아들에 대한 시 한 편이다.

사랑하는 아들아.
가슴이 저미는
피가 들끓는
정이 흠뻑 솟아나는
항상 내겐 흐뭇한 아들

아들이란 말만으로도
힘이 돋아나고 의욕이 생기고
고달픔도 달콤함으로 바뀐다.

널 위해선 애비인 내가
뭘 못하랴
육신이 찢어지고 가슴이 멍들어도
내 몸에 피가 메말라 온 기력이 쇠잔해도

시들해진 들풀이
아침이슬에 다시 생기를 찾듯
네 얼굴 내 마음속에 그려지면
힘이 솟는다 열정이 움튼다

아들아…. 사랑하는 아들아
힘들고 험한 세상일지라도
어미의 사랑 애비의 헌신으로

네가 여기까지 왔다 생각하며
매 순간순간 힘을 내거라
인내하거라 용기를 갖거라

어디….
들판의 들꽃들이 피어나는 게
그냥이더냐
눈보라 이겨내고 꽁꽁 언 땅에서 한겨울 인내하며
봄이 오기를 기다려 움트고 새싹을 띄워
자기만의 들꽃을 피우지 않더냐
세상이 널 알아주지 않는다
원망 말거라
널 사랑해주는 이성이 없다고
낙심 말거라

가까이든 멀리든
세상에서 널 가장 사랑하고 인정해주는
네 애미, 애비가
정겨운 눈빛과 따스한 손길로
항시 보며 어루만지고 있다는 걸 염두에 두거라

아들…. 사랑하는 아들
세상에서 가장 귀하고 소중한 존재
애미 애비는
이 맛에 힘들 줄 모르며 산다.

기도와 좋은 글은 위로와 힘을 준다.

IMF의 어려움!

여기 모이신 분들은 다 겪었을 것입니다.

현재 상황이 그때랑 비슷합니다. 지혜롭게 극복했듯이 현재의 이 어려움, 그때를 생각하고 노력한다면 틀림없이 극복할 수 있습니다.

새벽에 동쪽에서 붉은 해가 솟아 한낮에 중천에 떠 우리에게 따스함과 자양분을 줄 것입니다. 낙망할 필요도 없고 한탄할 필요도 없습니다. 구두끈 다시 동여메고 컴컴한 이 밤 모두가 잠들어 있을 때 길을 떠나 남보다 일찍 새벽의 여명을 맞읍시다. 찬란하고 붉게 떠오르는 태양을 바라보며 두 주먹 불끈 쥐고 도전합시다. 그리하여 또 한 번 위기를 극복한 역사의 주인공들이 됩시다.

곽선희 목사의 설교에서

– 할 수 있는 것, 없는 것 구별할 수 있는 냉정함을 주옵소서. 그리고 할

수 있는 것이라면 할 수 있게 해 주옵소서.

— 식별할 수 있는 지혜를 주옵소서. 할 수 있는 것 할 수 있게끔 하여 주시고 고칠 수 있는 것 고칠 수 있게끔 해 주세요.

— 3대 악에서 벗어나게 하옵소서. (거칠고 간결하고 강력한 육체적 욕망, 스스로 높이고자 하는 교만, 격렬하고 불순한 이기심)

— 항상 기뻐하라 그래야 기뻐할 일들이 줄줄이 따라온다.

— 남의 잘 됨을 축복하라. 그 축복이 메아리처럼 나를 향해 돌아온다.

— 힘들어도 웃어라. 절대자도 웃는 자를 좋아한다.

— 마음의 무게를 가볍게 하라. 마음이 무거우면 세상이 무겁다.

— 샘물은 퍼낼수록 맑은 물이 솟아난다. 아낌없이 베풀어라.

— 자신감을 높여라. 기가 살아야 운이 산다.

— 한 발만 앞서라. 모든 승부는 한 발자국 차이다.

— 효도하고 또 효도하라. 그래야 하늘과 조상이 돕는다.

— 돈의 노예로 살지 마라. 돈의 주인으로 기쁘게 살아라.

— 장사꾼이 되지 마라. 경영자가 되면 보이는 것이 다르다.

— 요행의 유혹에 넘어가지 마라. 요행은 불행의 안내자다.

— 더운밥 찬밥 가리지 마라. 뱃속에 들어가면 찬밥도 더운밥 된다.

산다는 것은 숨을 쉰다는 것, 몸이 움직인다는 것, 심각하다는 것, 인간의 욕망에 꿈틀댄다는 것. 소리내고 행동하고 사회생활 영위해 간다는 것, 그러다가 고통스러워하고 고뇌하고 정신은 피폐해지고 육체는 고단해져 쓰러져간다는 것.

그래도 저승보다는 이승이 좋다고 모두들 다 살려고 아우성이다.

조금이라도 이상 있으면 검진하고, 건강한데도 정기적으로 검사하고 세 끼니 잘 먹으면서 건강식품에 약 찾고, 걷기, 마라톤, 등산 등

인문학 마케팅

주말이면 전국 산야가 온통 원색 옷의 인간 물결이다. 수영, 골프, 배드민턴, 테니스, 야구 등 취미생활, 동호인 모임 등 오래 살려는 인간의 아우성이다. 더 잘 살려고 공부하고, 좋은 대학교 가고, 유학 간다. 100세 시대라고…. 전문직이 유리하다며 의사, 변호사, 판검사, 변리사 사짜의 전문직에 인재가 몰린다. 더 빠르게 더 벌고 더 높게 되기 위해서 몸부림친다. 밤낮없이 그렇게 몸과 마음을 혹사시킨다. 그러다가 어느 순간 초라한 한 중년의 모습에 분노하고 원망하고 한탄한다. 자책하고 상실감에 빠지고 외로워한다. 호소하고 기도한다

인생의 무상함 느끼며, 심신의 허약해짐을 느낀다. 다 부질없는 일이었음을 고백한다. 이렇게 기도해가며 백수를 향한 항해를 한다.

나의 기도 그리고 삶의 자세

매일매일의 기도

- 내가 하는 일에 대한 사랑이 순간순간 회의에 빠지게 하지 마시고 굳건하게 나를 인도하게 하소서
- 돈이나 권력에 대한 욕망, 인정받고자 하는 욕망에 나의 눈이 멀지 않게 하시고
- 내가 존재하는 목적은 가진 것 가운데 최고의 것을 사랑하는 사람에게 주기 위한 것임을 잊지 않게 하소서.
- 게으름이나, 편해지려는 마음으로부터 벗어나서 희생과 노고가 나의 몸에 스며들게 하시어 이 한 몸을 으스러지게 하도록 도와주소서!
- 그리하여 온몸의 노곤함으로 달콤한 휴식을 맛보고 정신의 몽롱함으로 행복과 희열을 느끼게 하소서

인문학 마케팅

- 피상적인 것을 거부하고 심연 속으로 빠져들어 한 인간으로서 참된 삶을 살게 하소서!

생활 자세

- 밝은 표정, 친절한 말, 착한 마음, 도와주고자 하는 자세를 항상 견지한다.
- 과거나 미래에 마음을 빼앗기지 말고 현재를 즐겁고 알차게 생활한다.
- 감사하는 생활, 진솔한 생활, 웃음이 넘치는 생활을 한다.
- 긍정적인 생각, 적당한 운동으로 건강한 심신을 유지한다.

행복의 조건

- 비록 부유하지는 않지만 남과 비교하지 않는 당신이면 좋겠다. 그것이 행복의 조건이기 때문이다. 남과 비교할 때 행복은 멀어진다. 그저 감사한 마음 하나만으로도 당신의 행복의 주인공이 될 것이다.

인생의 지혜

- 노예는 제도를 믿고, 자신을 믿지 않는다.
- 책보다는 인생, 독서보다는 노동
- 향락을 비웃는 부자들은 위대하다.
- 구두닦이가 운명이라면 최고의 구두닦이가 되어라
- 일은 의무가 아니다. 축복이다.
- 인덕을 쌓는 것도 성공의 지름길이다.

- 개인적인 비극을 발상전환의 계기로 삼아라.
- 개인적인 이득을 떠나야 위대한 성과가 나온다.

적게 생각하고 많이 행동하라

- 생각날 때 바로 저질러라. 많이 생각하기보다는 많이 저질러라. 오랫동안 마음만 있었지 용기를 내지 못했다면 저질러라 즉시.

부족하고 불편하게 산다.

- 아끼고 절약한다. 자식을 실패로 이끄는 가장 확실한 방법은 원하는 것을 다 해주는 것이라는 말이 있다. 조금 불편하고, 부족하게 절약하며 사는 가운데서 사고의 틀이 넓어진다.

매일매일 기도의 시간을 갖는다.

- 기도만큼 이 세상에서 가장 순수한 행위는 없다. 물질은 육신에게 필요한 것이지만 기도는 정신에게 필요한 것이다. 기도의 본질은 감사다. 매 순간 아무리 작은 일에도 감사의 기도를 올린다.

홀로 있는 시간을 가져라

- 외롭고 고독한 시간을 즐겨라. 산책의 시간을 가져라. 자기다운 삶을 살아라. 누구처럼 살려고 애쓰지 마라라.

- 아침저녁으로 출퇴근길에 무수히 되 내었던 나의 기도들이고 나를 지탱하게 해주었던 고마운 경구다.

100세 시대 은퇴 후의 삶

주인공은 어려서부터 총명했다. 뛰어난 성적으로 박사과정을 수료하고 논문심사에서도 극찬을 받았다. 이제 학위 받을 날짜만 기다리면 되는 상황이었다.

그러던 어느 날 그는 가슴에 심한 통증을 느꼈다. 정밀 진단 결과 시한부 인생이라는 것이다. 남은 시간은 3일.

이 모든 상황이 믿기지 않아 그는 절망했다. 그렇게 하루가 지나갔다. 이제 남아있는 인생은 이틀. 병실로 한 통의 편지가 왔다. 억만장자였던 당신 삼촌이 방금 돌아가셨다는 내용이었다. '그의 재산을 상속할 사람은 당신뿐이니 속히 상속절차를 밟아 주시오'라는 편지였다. 그러나 죽음을 앞둔 그에게 재산은 아무 소용없었다. 그렇게 운명의 시간은 또 하루가 갔다. 한 통의 편지가 왔다. 박사학위 논문이 올해의 최우수 논문상을 받게 될 것을 알려주는 편지였다. 마지막

날 또 하나의 편지가 날아왔는데 사랑하는 연인으로부터 온 결혼승낙 편지였다. 하지만 그 편지 또한 그의 생명을 연장시킬 수 없었다. 그는 숨을 거두었다.

한 인간의 삶을 짧게 응축시켜 보여준다. 이 청년의 삶은 우리 모두의 삶과 같다. 꿈을 쫓아 정신없이 달리다보면 어느새 정년이다. 그리고 인생의 의미를 알만하면 남은 인생 여정이 별로 없다. 후회한들 인생의 시계는 되돌려지지 않는다. 세네카는 말하였다. "인간은 항상 시간이 모자란다고 불평을 하면서 마치 시간이 무한정 있는 것처럼 행동한다."

모든 것을 다 가지고 태어나는 인생은 없다. 바로 지금 과거에 연연하지 말고 시작하려는 용기가 필요하다. 당신이 가지고 있는 무언가를 발견해서 하면 되는 것이다.

마음만 먹으면 무슨 일이든 즐겁게 할 수 있다. 찾아보면 세상엔 새롭고 흥미로운 일들이 많다. 청소년 시절엔 공부해야 했지 또 직장 생활 하면서는 가족 먹여 살려야 했지 언제 나하고 싶은 대로 하며 살 수 있었던 때가 있었던가.

명심보감에 "지족상족 종신불욕 지지상지 종신무취知足常足 終身不辱 知止常止 終身無恥."라 했다.

만족할 줄 알아 항상 만족하면 죽을 때까지 욕되지 않고 그칠 줄 알아 늘 그치면 죽을 때까지 부끄러움이 없다. 라는 말이다. 없는 것에 너무 집착하지 말고 과욕을 버려라. 즐거움과 보람을 찾으면 된다. 인생은 유한한 것, 진시황도 징키스칸도 나폴레옹도 죽었다.

몸이 건강하다면 아주 많은 것을 가지고 있는 것이다. 조선 임금의 평균 수명이 44세 정도였다니 현재 우리나라의 평균 수명을 생각해 보면 인간의 장수욕구 하나는 채워진 것이 아닌가!

나는 아침에 일찍 일어난다. 버릇이 되어서 6시 전에 눈이 떠진다. 시간이 날 때 책가방을 들고 도서관에 간다. 도서관에는 책이 많아서 좋다. 도서관 서고를 한 바퀴 돌고 나면 대여섯 권의 책이 손에 잡힌다. 푹 빠져 읽다 보면 어느덧 점심시간. 지하 식당에서 요기를 하고 밖으로 나와 산책과 맨손체조로 건강을 관리한다. 오후 내내 책 읽고 글 쓰고 내 인생에 이렇게 마음 놓고 책 읽고, 글 써본 적이 있었던가! 밤늦게 집에 오는 차 안에서 행복한 콧노래가 절로 나온다. 지족상족 종신불욕이다.

연말 뒤숭숭함을 달래며

한 직장에서 거의 30년 일하다 보니 정도를 알게 되었다. 줄, 빽, 돈….

5~10년은 통할지 몰라도, 아니면 1~2명 정말 운 좋게 롱런하는 일도 있겠지만 그래도 정도를 걸어야 제명대로 살 수 있음을 알았다. 저런 것들이 쉬이 올라갈 수 있는 황금의 줄로 보여 많은 이들이 그 줄을 잡지만 한순간에 썩은 줄로 변할 수가 있다. 끊어지는 순간 다시는 올라오지 못할 천 길 낭떠러지로 떨어진다. 정도를 걷다 보면 억울한 일도 있고, 뒤처지기도 하지만, 결국엔 정도를 걷는 사람이 진정한 승지가 된다.

군자는 의에 밝고 소인은 이익에 밝다고 공자는 논어에서 말했다.

매년 연말이면 걷고 있는 길에 대해 고민 한번 해본다. 나 역시 이 나이에 무슨 인생의 진로 고민이냐고 말할지 모르겠지만 매년 겪는 아픔이다. 생각해보면 연말이라고 흥겨운 기분 내면서 편안히 보낸

한해가 어디 있었던가! 승진, 목표달성, 인사 등 직장 일, 아들딸의
입시, 진로, 취업 그리고 집안 문제 등 이렇게 연말을 매년 고민하며
보냈다. 어김없이 올해 연말이 다가오고 그 고민 앞에 옛 모습 그대
로 서 있는 나를 본다. 그것은 전적으로 내 자의로 결정한 일인데 이
제는 여러 주변 여건들이 나를 꼼짝 못하게 그 길로 걸어가야 한다고
강요한다. 그래도 현실성 없어 보이는, 나의 객기이기도 한 못다 이룬
꿈을 꿔보는 연말이다.

그러나 나를 들여다 보고 현실로 되돌아오면 이 직장에서 내년에
도 일 할 수 있음에 또 다른 위안을 받는다. 날씨가 추워진다. 없으
면 더 춥게 느껴진다. 주머니에 돈있어 배고픈 것과 없이 배고픈 것과
는 그 배고픔의 질량이 다르다. 직장이 있어 다른 꿈을 꾸는 것은 일
종의 여유이지만 처자식 거느린 사람이 일 할 곳 없으면서 꿈을 꾸
는 것은 냉혹한 악몽일 수 있다. 사랑하는 처자식이 이 추운 겨울 따
뜻이 잘 지낸다면 제 한 몸 꽁꽁 얼어 으스러져도 뭔 억울함이 있겠
는가. 이렇게 생각하는 게 우리 가장들이다. 여태껏 인내하며 최선을
다했지 않았는가! 가던 길 계속 걷는 거지. 걷고 걷다 보면 넓고 평탄
한 길도 나오겠지…. 이렇게 생각하며 거의 30여 년을 보냈다.

불교에 업장소멸(알게 모르게 범한 허물을 깊이 참회하면서 선행으
로 지우는 것)이라는 말이 있다.

퇴직하고 외로움을 느끼고 낙오자 된 기분으로 상심해 있을 때 문
득 그 말이 생각났다. 직장에서 동료와 후배에게 상처 줬던 말, 모욕
느끼게 했던 행동, 어쩔 수 없이 평가에 최하위를 준 일 등 어찌 생
각하니 이 외로움과 고통이 업보란 생각이 들었다. 그간 이곳저곳 지
은 죄가 있어 여생에 다 지울 수 있을는지.

행복의 공식이다. 행복=현실/기대. 행복을 키우려면 현실을 키워야 하는데 녹록지 않다. 보다 쉽고 가능한 길은 분모인 기대를 작게 만드는 방법이다. 법정 스님이 설파한 무소유를 실천하면 분모가 0이 된다. 행복은 현실에 관계없이 무한대가 된다.

소욕지족의 삶으로 행복한 삶을 맛보자.

남은 생 지난 과오를 선행으로 지우는 삶을 살자. 감사하며 작은 일에도 행복을 느끼며 살자.

나의 아버지

아버지! 아버지!
언젠가, 주머니 속에 꼬깃꼬깃 접혀서
반쯤 닳아 돈 냄새 풍기는 천 원짜릴
지긋이 쥐어주던 거칠은 아버지 손
주머니 속엔 담뱃가루 나락껍질
아버지 냄새 많이 풍기셨던
낡고 허름한 국방색 바지
검은색 잠바 그리고 흰 고무신

술을 좋아하셨던 아버지
막걸리 한잔에 알갱이 소금 두어 알
자식 걱정 돈 걱정 잠시나마 잊으시고
흥이 돋아 타령 몇 소절 흥얼거리시며

이내 누워 주무시던 아버지 아버지

허이허이 어이할까나 어이할까나
가슴 애끓는 원통함
발끝까지 져미는 애절함
불러도 불러도 울림마저 없는
영영 돌아오지 않는 나의
아버지! 아버지!

아버지께서 쓰러지셔서 병원에 입원해 계셨을 때다. 돌아가신지 20여 년이 지났지만, 어머니의 쓸쓸하신 그 표정이 지워지지 않는다. 홀로 병원 벤치에 앉으셔서 멍하니 근심어린 표정 지시던 어머니. 나는 어머니에게 다가가서 그 거친 손을 만지며 말씀드렸는데….
"어머니… 아버지 꼭 살려내겠습니다. 시골에 땅을 전부 팔아서라도 제집을 팔아서라도 우리 아버지 살려내겠습니다."
어머니께서는 내 손을 꼭 잡으시면서 "그래…. 고맙다." 하셨는데, 정말 흐뭇해 하셨는데. 아버지는 그 후 며칠 만에 돌아가셨고 나는 또 다른 우리 어머니의 모습을 보았다. 아버지의 운명에 미친 듯이 우는 형에게 울지 말라 하시고 어머니는 슬픔을 저 밑으로 감추시며 정말 눈물을 안 보이셨다.
4남 2녀 육남매를 넉넉지 않은 살림살이에 고생하시면서 키우신 우리 어머니. 아들딸들이 더 슬퍼할까 봐, 더 낙담할까 봐 울음소리 한번 내지 못하셨던 우리 어머니.
못 배우신 시골 아낙네였지만 강하시고, 자식 사랑이 정말 끔찍하셨던 우리 어머니… 건강하소서!

결국 어머님도 3년 전에 돌아가셨다.

좋은 글에서 따왔다.

아버지란 기분이 좋을 때 헛기침을 하고 겁이 날 때 너털웃음을 웃는 사람이다.

아버지의 마음은 짙게 색을 칠한 유리로 되어있다. 그래서 잘 깨지기도 하지만, 속은 잘 보이지 않는다. 아버지란 울 장소가 없기에 슬픈 사람이다.

아버지가 아침 식탁에서 성급하게 일어나서 나가는 곳은 즐거운 일만 기다리고 있는 곳은 아니다. 아버지는 머리가 셋 달린 괴물과 싸우러 나간다. 그것은 피로와 끝없는 일과 직장 상사에게서 받는 스트레스다. 아버지란 "내가 아버지 노릇을 제대로 하고 있나!" "내가 정말 아버지다운가?" 하는 자책을 날마다 하는 사람이다. 아버지란 딸을 결혼시킬 때 한없이 울면서도 얼굴에는 웃음을 나타내는 사람이다

아들, 딸이 밤늦게 돌아올 때에 어머니는 열 번 걱정하는 말을 하지만 아버지는 열 번 현관을 바라본다. 아버지의 최고 자랑은 자식들이 남의 칭찬을 받을 때이고 아버지는 늘 자식들에게 그럴듯한 말을 하면서도 실제 자신이 모범을 보이지 못하기 때문에 미안하게 생각도 하고 남모르는 콤플렉스도 가지고 있다

아버지는 돌아가신 후에나 보고 싶은 사람이다. 아버지는 결코 무관심한 사람이 아니다. 아버지가 무관심한 것처럼 보이는 것은, 체면과 자존심과 미안함 같은 것에 그 마음을 쉽게 나타내지 못하기 때문이다.

아버지의 웃음은 어머니의 웃음의 2배쯤 농도가 진하고 울음은 열

배쯤 될 것이다

아들, 딸들은 아버지의 수입이 적은 것이나 아버지의 지위가 높지
못한 것에 대해 불만이 있지만 아버지는 그런 마음에 속으로만 운다.
아버지는 가정에서 어른인 체해야 하지만 친한 친구나 동창을 만나
면 소년이 된다. 혼자 차 안에서 울기도 하고 기도도 하고 소리도 친
다. 어머니의 가슴은 봄과 가을을 왔다 갔다 하지만 아버지의 가슴
은 여름과 겨울을 오고 간다.

아들, 남편, 아버지의 길

　누구의 아들에서, 한 여자의 남편으로, 그리고 아버지로서 길을 걷는 게 우리 남자들의 운명의 길이다. 다 걸어본 길에서 손자 손녀를 둔 남자들이 긴 인생의 여정을 돌아보며 회환과 아픔을 겪는 것, 후회와 아쉬움이 남는 것은 너나 할 것 없이 겪는 느낌일 것이다. 아들로서 불효와 부모의 기대에 부응 못 했다는 죄책감이 있을 것이오, 남편으로서 부인을 행복하게 해주지 못하고 몸과 마음을 고생시킨 아내에게 진 빚으로 미안함이 있을 것이다. 늘 부족함이 많아 내심 아들딸들에게 잘해주지 못한 아쉬움을 갖고 바쁘게 허우적거리며 이 땅을 살아온 많은 아버지들이 있을 것이다.

　남자의 인생에는 세 갈래의 길이 있다
　하나는 처자를 위한 굳건한 아버지의 길이고
　하나는 사회적 지위의 상승과 성공의 길이고

하나는 언제든 혼자일 수 있는 자유의 길이다

남자의 인생에는 세 가지 갖고 싶은 게 있다
하나는 자신을 징그러울 정도로 많이 닮은 아들이고
하나는 죽을 때까지 잊을 수 없는 첫사랑이고
하나는 목숨 다할 때까지 효행하고픈 부모이다

남자의 인생에는 세 번의 몰래 흘리는 눈물이 있다
하나는 첫사랑 보낸 후 흐르는 성숙의 눈물이고
하나는 실패의 고배를 마신 후 흘리는 뼈아픈 눈물이고
하나는 부모를 여의었을 때 흘리는 불효의 피눈물이다

남자의 인생에는 3가지 중요한 것이 있다
하나는 인생을 걸고 싶을 만큼 귀한 친구이고
하나는 고단한 길에 지침이 되어주는 선배이고
하나는 자신을 성숙케 하는 책이다

복잡하고 빠른 21세기에 무거운 짐을 지고 또 빨리 가야 하는 우리 남정네들의 길! 길목마다 도처에 무한한 경쟁과 시련을 통과해야만 앞으로 나갈 수 있는 세상 길. 남자에게는 땀과 피눈물의 길이기도 하다.

가족 사랑

어느 날 가족이 여행을 하다가 교통사고를 당했다. 큰 사고여서 병원에 입원해야 했다. 딸의 상처가 깊어 병원에서 수술을 받았으나 평생 목발을 짚고 다녀야 했다. 딸보다 먼저 퇴원한 아버지도 딸과 같다고 알려졌다. 무엇보다 딸 마음에 상처가 깊었다.

늘 혼자 목발을 짚고 등하교해야 했다.

집에 오면 같은 처지인 아버지가 그나마 다정하게 대해주고 말동무가 되어주었다. 딸의 울음과 투정을 아버지가 받아주었다.

사춘기 어려움을 잘 극복하고 딸은 대학에 입학했다.

아버지는 딸이 자랑스러웠다. 딸도 행복을 느꼈다.

어느 날 세 식구는 산책을 하고 있었다. 아버지와 딸은 목발을 짚고 걷는데 저만치에서 작은 꼬마 아이가 공놀이를 하고 있었다. 공이 큰길로 굴러갔다. 꼬마는 앞 뒤 살피지도 않고 공만 바라보며 큰길로 달려갔다. 그때 덤프트럭이 전속력으로 달려들고 있는 것이 보였다.

바로 이때 놀라운 일이 벌어졌다. 딸의 아버지가 목발을 내 던지고는 길로 뛰어들어 꼬마를 안고 뒹굴어 아이를 구한 것이다. 아이를 안고 안도의 한숨을 내쉬며 아버지는 아이의 머리를 쓰다듬어 주었다. 아버지의 행동은 목발 짚은 사람으로서는 도저히 해낼 수 없을 정도로 날쌔고 빨랐다.

딸은 도저히 믿을 수가 없었다. 그때 어머니가 다가와서 딸을 꼭 껴안으며 이야기했다. 딸내미야…. 이제 말할 때가 되었구나. 사실 너의 아버지 다리는 정상이란다. 그러나 네가 목발을 짚어야 한다는 사실이 아버지로 하여금 너와 같이 목발을 짚기로 결심했던 거란다. 너랑 아픔을 같이해야 한다고.

이 사실은 아무도 몰라. 나와 아버지만의 비밀이었다. 손을 흔들며 오는 아버지의 모습을 보며 딸은 흐르는 눈물을 가눌 수 없었다.

어디에선가 본 글을 인용하였다.

모두가 이런 아픔이 있다면 자식과 아픔을 같이 하고픈 것이 부모의 심정이다. 우연히 옛날 노트를 정리하다가 딸아이에 대해 적은 글이다.

사랑하는 내 딸 태라!

딸내미만 생각하면 입가에 웃음이 피어난다.

초등학교 3~4학년 때 귀엽고 씩씩했던 모습, 아빠가 좀 일찍 퇴근했을 때 단발머리 찰랑이며 씩씩하게 아파트복도를 걸어오던 내 딸내미, 그때 얼마나 귀엽고 대견하던지….

중·고등학생 때 키가 훌쩍 컸고 인물도 시원하게 잘 생겨서 항상 옆에 두고 싶었던 내 딸아이, 어떻게 해서든 공부 좀 더 시켜서 좋은 대학 보내려고 애썼다.

기숙학교 보내면 좋을 것 같아 억지로 끌고 가서 시험 치르게 했던 생각. 가련한 내 딸내미….

안가겠다는 아이를 때리며 억지로 끌고 갔는데, 힘없이 시험 치르고 나오던 그때 그 모습…. 누나를 때리자 동생 회민이가 누나 왜 그래… 아빠 말 들어 하며 말리던 그 슬픈 추억. 수능 성적이 생각보다 좋지 않아 밤을 지새우며 고민 고민하던 그때…. 그리고 후회하던 딸아이가 얼마나 애처롭던지. 성적과 적성에 맞춰서 원서를 냈을 때 아빠 나 여기 합격했으면 좋겠다. 라는 딸아이의 말을 듣고 왜 내가 더 모질게 해서라도 해서 공부를 더 시키지 않았던가. 후회의 눈물을 흘리던 그 시절.

다행히 합격했다는 사실을 알고 딸내미에게 전화하니 좋아하던 내 딸아이 목소리.

대학을 졸업하고 취업난에 이리저리 원서 내며 방황하고 걱정하던 딸아이를 보며 숨죽이며 지켜보던 그때.. 예쁘고 바른 딸아이가 어깨가 축 처져서 들어올 때 능력 없음을 뼈저리게 느끼며 자괴감에 괴로웠던 그 시절. 소중하고 귀한 딸아이가 맘 고생할까 봐, 힘들까봐 위로의 말을 건네던 그 시절. 마음 편히 갖거라…. 아빠가 숨이 붙어있는 한 딸내미 책임 못 질라고…. 흰소리하던 나. 그렇게 열심히 원서 내고 면접 보고 하더니 좋은 회사에 취직했다. 휴….

아버지 어머니 그리고 우리 가족

가족은 세계다!

우리 인간 삶의 시작도 가족이요 끝도 가족과 함께한다.

가족은 끊임없는 사랑의 샘이요, 위안의 성이요, 영원한 안식처이다. 나에게 있어 가족은 삶의 의미요 재충전의 의미이다. 아버지를 떠올리며 삶의 희망과 의지를 불 지피고 어머니를 그리워하며 사랑과 희생을 노래한다. 형 누나 동생들과의 삶은 믿음과 우애를 나누는 삶이다. 서로 의지하고 힘이 되어준다. 우리 가족은 영원불변의 정情의 결정체이다.

아버지 등을 밀며 - 손택수

아버지는 단 한 번도 아들을 데리고 목욕탕엘 가지 않았다. 여덟 살 무렵까지 나는 할 수 없이 누이들과 함께 어머니 손을 잡고 여탕엘 들어가야 했다(중략).

커버린 뒤론 함께 와서 서로 등을 밀어주는 부자들을 은근히 부러운 눈으로 바라보곤 했다. 그때마다 혼자서 원망했고, 좀 더 철이 들어서는 돈이 무서워서 목욕탕도 가지 않는 걸 거라고 아무렇게나 함부로 비난했던 아버지. 등짝에 살이 시커멓게 죽은 지게 자국을 본 건 당신이 쓰러지고 난 뒤의 일이다. 의식을 잃고 쓰러져 병원까지 실려온 뒤의 일이다. 그렇게 밀어드리고 싶었지만, 부끄러워서 차마 자식에게도 보여줄 수 없었던 등. 해지면 달지고, 달지면 해를 지고 걸어온 길 끝 적막하디 적막한 등짝에 낙인처럼 찍혀 지워지지 않는 지게 자국. 아버지는 병원 욕실에 업혀 들어와서야 비로소 자식의 소원 하나를 들어주신 것이다.

눈길 – 이청준

전답, 선산, 그리고 고향집까지 남의 손에 넘어갔다. 어머니는 대처에서 공부하고 있는 아들이 고향집으로 올 것이라 믿고 새집 주인에게 통사정해서 옛집에서 아들과 함께 하룻밤을 지새운다. 그리고 새벽 다시 아들을 보내면서 함께 걷던 눈 덮인 새벽 시골길…. 버스를 태워 보내고 혼자서 돌아오는 눈길 위에 아들의 발자국이 남겨있다. 어머니는 그 발자국 하나하나를 더듬으며 아들의 건강과 복을 빈다. 오목오목 디뎌 놓은 그 아그 발자국마다 한도 없는 눈물을 뿌리고 돌아 왔제… 내 자석아 내자석아, 부디 몸이나 성히 지내거라. 부디부디 너라도 좋은 운 타서 복 받고 잘 살아라…. 고향집조차 없어진 쓸쓸한 어머니의 애절한 심정, 그리고 우리 어머니들의 자식 사랑에 대한 애틋함을 엿볼 수 있다.

여동생 – 참말랑

몹시도 춥던 크리스마스이브 밤
지난번 온 눈에 길은 미끄럽고
버스가 복잡했을 텐데도
내 여동생은 매달 그랬듯이
내가 가정교사 하던 집으로 찾아왔다
환한 웃음을 짓는 여동생의 볼은
찬바람에 발그레 얼어있었다
수줍게 오빠의 손에 들려주던 흰 봉투
그 안엔 내 여동생의 한 달 땀의 댓가 반이
들어있었다
대학생 오빠가 자랑스럽다고
친구와 함께 오기도 하고
힘든 일 전혀 내색 않고 매달
기쁜 표정으로 흰 봉투 쥐어주던 내 여동생
오빠의 성공을 간절히 빌었을 내 여동생
오십이 넘어서야
우리 남매는 외식을 같이했다
소주 한잔을 가볍게 마주친 후
난 내 가슴 안 깊숙이 묻어 논
고마움을 동생에게 말했다
오빠가 미안하다
동생에게 도움도 못 주고
내 여동생은 눈시울이 붉어지며

오빠, 괜찮아!
오빠만 잘살면 돼
내 걱정 하지마…
난 슬며시 일어나 화장실로 갔다
흐르는 눈물을 주체할 수 없었다
사랑하는 내 여동생
예나 지금이나 오빠 잘되기만을 바란다

친구의 카톡 메세지

나에게는 꿈이 있습니다.

어느 날 친구가 뜬금없이 보낸 메시지이다.

저는 이제부터 봉사와 희생을 배우며 살겠습니다. 작은 것에 행복하고 감사하며 내 위주가 아닌 남 위주로 살겠습니다. 양보하고 배려하면서 살 것입니다. 저는 저에게 한없는 믿음과 신뢰를 보냈던 나의 부모님처럼 내 아들딸에게 변함없는 믿음과 신뢰를 주며 기다릴 것입니다. 잔소리하지 않고 강요하지 않겠습니다. 부모님이 멀리서 지켜봐 주며 기도하고 응원해 줬던 것처럼 그렇게 할 것입니다.

저는 제 아내에게 하나에서부터 열까지 져주며 살겠습니다. 제 아내가 여태껏 저에게 져주며 살았던 것처럼 저도 아내에게 져주며 사랑하며 애태우며 살겠습니다.

남에게 상처 주며 살아온 나의 삶 반성하겠습니다. 시기 질투하며 잘된 것보다 잘못된 것에 기뻐했던 내 마음의 악의 씨앗을 뽑아버리겠습니다.

비교하며 살았던 나의 인생 그 인생은 나의 인생이 아님을 이제야 깨달았습니다. 비로소 나의 인생을 살겠습니다. 지위, 부귀, 명예의 탐에서 벗어나 나의 진솔함에 나의 한계를 맞추며 살겠습니다.

그리고 어느 날 저승사자가 나의 방문을 노크하며 내 삶의 업적을 내놓으라고 하면 저는 깨끗해진 나의 가슴, 맑아진 나의 영혼을 내놓겠습니다. 그리고 내 옆구리에 매달려있는 후회의 눈물, 반성의 눈물, 용서의 눈물 보따리를 내놓겠습니다.

마지막으로 내 두 어깨에 묵직하게 지어져 있는 철든 이후 열정을 쏟았던 봉사, 희생, 헌신의 보따리를 내놓겠습니다.

그는 고위 공무원으로 근무하다가 퇴직하여 선량이 되려고 도전하였으나 실패하였다. 재도전한다는 소식이 들려오는데 좋은 결과가 있을 것 같다.

그 사람을 그대는 가졌는가

함석헌 옹의 시이다.

만리길 나서는 길 처자를 맡기며 맘 놓고 갈만한 사람. 그 사람을 그대는
가졌는가.
온 세상 다 나를 버려 마음이 외로울 때도 "저 마음이야"하고 믿어지는
그 사람을 그대는 가졌는가.
탔던 배 꺼지는 시간 구명대를 서로 사양하며 "너만은 제발 살아다오" 할
그 사람을 그대는 가졌는가.
불의의 사형장에서 "다 죽어도 너희 세상 빛 위해 저만은 살려 두거라."
일러줄 그 사람 그대는 가졌는가.
잊지 못할 이 세상을 놓고 떠나려 할 때… "저 하나 있으니" 하며 빙긋이
웃고 눈을 감을 그 사람 그대는 가졌는가.
온 세상의 찬성보다 "아니"하고 가만히 머리 흔들 그 한 얼굴 생각에 알
뜰한 유혹을 물리치게 되는 그 사람 그대는 가졌는가.

어머니께서 갑자기 쓰러지셔서 석 달여 병원에 입원해 있을 때였다. 중환자실에 계셔서 보호자들은 병실에 환자와 같이 있을 수 없어 보호자 대기실에서 24시간 대기해야 했다. 우리 형제는 조를 짜서 순번대로 대기했다. 온종일 보호자들끼리 있다 보면 모두가 무료해서 이런저런 얘기를 나누곤 하는데 그중 한 할아버지가 있었다. 슬하에 3남 2녀를 뒀다고 했고 자식들 모두 잘산다 했다. 그런데 연로한 할아버지가 보호자 대기실에서 계속해 지내는 것이었다. 젊은 사람들도 의자에 앉아 대기하고 밤을 지새우다 보면 잠자리도 불편하고 신경이 예민해져서 여간 피곤한 것이 아니었다. 한번은 할아버지에게 음료수를 드리며 피곤하지 않으세요? 할머니는 어떠세요? 물어봤다. 할아버지도 지치고 힘들어 보였는데 할 만하다 했다. 그러면서 이번 주말은 애들이 내려온다는 말을 묻지도 않았는데 덧붙였다. 그때 옆에 있던 한 아주머니가 할아버지 이러다간 병나요… 자식들 오라고해요…. 하니 할아버지가 손을 젓는다. 일 때문에 못 온다고. 그런데 어느 날인가 할아버지가 안 보였다. 할머니가 퇴원하셨나? 입원자 명단을 보니 할머니는 아직도 중환자실에 있었다. 옆 아주머니에게 물어보니 할아버지도 쓰러져서 같이 입원해 있다는 것이었다.

장인어른이 직장암을 수술한지 10여 년 지났지만, 그 영향 때문인지 자주 장이 꼬여 병원 신세를 진다. 입원실에 가서 입원한 환자 곁에 간병하는 사람을 살펴보면 의외로 전문 간병인들이 많다. 자기 부모도 간병할 겨를이 없을 정도로 바쁜 시대가 되었나 보다. 아무리 바쁘다고 해도 부모가 입원해 있으면 자식들이 틈을 내서 병간호 하는 것이 도리일 것 같은데 현실은 아니다. 사실 부모를 간병 못할 정도로 바쁜 사유를 들어 보면 다 별것 아니다. 애들 시험기간이다, 맞벌이 하느라, 멀리 있어서 등등이 대부분이다. 애들 시험은 부모가 없어도 잘 본다. 맞벌이 가만히 따져보면 형제 모두가 맞벌이는 하지 않는다. 시간 낼 수 있는 사람은 집마다 한두 명은 있다. 조를 잘 짜면 된다. 멀리 있어서? 우리나라 교통망이 잘 되어 있어서 어디든 일일생활권이다. 직장도 요즘은 옛날과 달라서 연월차를 사용 장려한다. 자기들은 연월차 활용해서 해외여행 갈 시간은 있어도 부모 간병할 시간은 못내는 게 현실이다. 부모·자식 형제간에도 따뜻한 정이 점점 사라지는 것 같아 아쉽다. 함석헌 옹의 이 시를 음미하며 가난했지만 정이 많았고 이웃, 형제, 친구 사이에 서로 의지가 되던 그 시절이 그립다. 매일 어울려 부대끼며, 다 같이 고만고만 가난했지만 정으로 살았다. 친구 만나 들어간 술집에서 무턱대고 먹고 나서 주머니 톡톡 털어 있는 돈 다 주고, 그래도 부족하면 외상하며, 버스비가 없어 먼 길 걸어오던 그때 그 친구들이 그립다. 우정도 나이와 더불어 희미하게 변색되어지는 것인가. 아니면 세파에 내가 영리해져 우정을 셈으로만 계산해서일까. 만리길 나서는 길 처자를 맡기며 맘 놓고 갈 만한 사람…. 그런 친구가 그립다.

고수는 분노를 삼키고 하수는 표출한다

화가 나 있을 때는 아무것도 해서는 안 된다는 것을 기억하라. 징기스칸은 역사상 가장 넓은 영토를 지배한 황제였다. 20만 몽고군으로 대륙의 절반 이상을 정복한 전쟁의 영웅이기도 하다. 많은 사람들이 그의 무용담을 이야기했고 그의 이름만으로도 두려움의 대상이었다. 어느 날 황제는 말을 타고 사냥을 나갔다. 부하들과 함께 유쾌하게 말을 몰았고 왕의 시종과 사냥개들도 사냥을 함께 했다. 온 숲에 그들의 함성과 말굽소리가 퍼졌고 저녁 무렵이 다 돼서야 사냥은 끝이 났다. 왕의 손에는 그가 가장 아끼는 것 중 하나인 사냥매가 앉아 있었다. 매는 주인의 명령이 떨어지면 높이 날아올라 사방을 살피며 사냥감을 찾는다. 날이 저물자 그들은 궁으로 돌아가기 시작했다. 왕은 전에도 이 숲을 자주 사냥했던 터라 지리를 잘 알고 있었다. 가장 가까운 길을 택한 본진과는 다른 계곡을 지나는 먼 길로 돌아가기로 마음먹었다. 복잡한 생각을 정리도 할 겸해서 홀로 가기로 한 것이었다. 하루 종일 무더웠던 터라 왕은 목이 말랐다. 손목에 앉아 있던 매는 멀리 날려 보냈다. 녀석도 알아서 제집을 찾아갈 수 있다. 천천히 말을 몰며 계곡에 샘을 찾았다. 뜨거운 날씨 때문에 개울은 말라 있었다. 물을 찾던 왕의 눈에 바위 틈새로 똑똑 떨어지는 물이 보였다. 왕은 말에서 뛰어내려 사냥 가방에서 컵을 꺼내 떨어지고 있는 물을 받았다. 물을 받는 데도 많은 시간이 걸렸다. 물을 보니 갈증이 더 났다. 컵에 물이 거의 찼을 때 물을 마시려고 한순간 어디서 날아왔는지 바람을 가르는 소리와 함께 왕의 손에서 컵이 떨어졌다. 물은 바닥에 엎질러지고 흔적도 없이 땅속으로 스며들었다. 보니 그가 아끼던 매가 하늘로 솟구치고 있었다. 공중을 서너 차례 선회하더니 이내 샘 옆 바위에 내려앉았다. 왕은 다시 컵을 집어 들고 한 방울씩 떨어지는 물을 받았다. 물이 반쯤 차자 목마름에 컵을 입으로 가져갔다. 그러나 컵이 입술에 미처 닿기도 전에 또다시 매가 컵을 낚아채며 바닥에 물을 쏟는 것 아닌가! 왕은 화가 단단히 났다. 그는 다시 물을 받았다. 그러나 매는 역시 물을 마시지 못하게 컵의 물을 쏟게 만들었다. 화가 머리끝까지 오른 왕은 이놈 내 손에 잡히면 목을 비틀어 버릴 테다하며 다시 물을 받았다. 이번에는 물을 마시기 전 칼을 뽑아들었다. "이놈의 매… 이번이 마지막이다." 하며 물을 마시려고 했지만 역시 매가 쏜살같이 날아와 컵을 떨어뜨린다. 왕은 이때를 놓치지 않았다. 그의 빠른 칼솜씨는 날아가는 매를 베어버리고 있었다. 가련한 매는 왕의 발밑에 떨어져 피를 흘리며 죽어갔다. "네놈의 대가다." 왕이 다시 컵을 찾았으나 컵은 바위 틈새로 떨어져 꺼낼 수가 없었다. 왕은 물을 마시고 말겠다 생각하며 물의 흔적을 찾아 가파른 절벽을 기어올랐다. 드디어 샘을 찾았다. 갈증이 심해진 왕이 샘물을 마시려는 순간 샘 속에 무언가가 나동그라진 채 샘을 가득 메우고 있는 것이 보였다. 맹독을 가진 독사가 샘을 가득 메우며 죽어 있었던 것이다. 왕은 순간 멈칫했다. 갈증도 사라졌다. 오로지 자신의 발아래서 죽어간 가엾은 매에 대한 미안한 생각뿐이었다. 매가 내 생명을 구했다. 그런데 나는 매에게 어떻게 했던가. 그대는 나의 가장 충성심 많은 벗이었지만 나는 그대를 죽이고 말았구나. 벼랑을 내려와서 그는 조심스레 매를 집어 올려 사냥 가방 안에 넣었다. 그런 다음 말을 몰아 황급히 궁궐로 돌아왔다. 그리고 왕은 혼자서 이렇게 다짐했다. '나는 오늘 슬픈 교훈을 얻었다. 화가 나 있을 때는 아무것도 해서는 안 된다는 것을 말이다.'

도쿠가와 이에야스는 정치와 경제에서 탁월한 능력을 발휘한 일본인들이 가장 존경하는 영웅 중 한 명이다. 그는 인간으로서 후세에 다음과 같은 교훈을 남겼다. 마음에 욕심이 생기면 궁핍했을 때를 생각하라. 인내는 무사장구의 근원이요 분노는 적이라 생각하라.

고난의 영웅 이에야스는 인내를 무기로 천하를 얻었다. 수십 개의 작은 나라로 나뉘어 통일을 향한 크고 작은 전쟁으로 들끓던 일본의 전국시대에 그는 과연 인내가 무엇인지 온몸으로 처절하게 보여준 사람이라고 할 수 있다. 오다 노부나가, 도요토미 히데요시 같은 막강한 경쟁자들의 견제와 억압을 견뎌내고 마침내 일본 천하를 움켜쥐게 된다. 그는 노부나가와 연합한 것 때문에 다케다 신겐에게 집중공격을 받아야 했고 그 뒤 사돈을 맺은 노부나가의 압력으로 처를 죽이고 아들마저 자결하게 만드는 비극을 겪었다. 임진왜란의 여파로 고전을 겪던 히데요시가 병으로 죽자 마침내 1600년 동군(에도를 중심으로 도쿠가와를 지지하는 세력)을 이끌고 서군(히데요시의 근거지였던 사카이 — 오늘날 오사카)을 세키가하라에서 격파하고 통일 일본의 꿈을 이룬다. 도쿠가와의 막부시대가 열린 것이다. 그의 업적은 평화일본의 시대를 열었다는 데에 있다. 또한 그 당시 불모지였던 에도지방을 발전시켜 오늘날의 동경일대가 되게 만든 업적을 이루어냈다. 남의 강점을 모방해 내 것으로 만들었고 일본적 인간 경영의 토대를 닦았다. 남에게 고통을 강요하지 않았고 모범을 보이며 자기 자신의 곤란을 거울삼아 인간경영을 잘했다. 그 당시 시대적 요구에 대한 견해를 담은 노래가 있다.

노부나가는 "울지 않는 두견새는 죽여야 한다."라며 반드시 통일은 해야 한다. 라는 각오를 나타낸 표현이었고 히데요시는 "울지 않는 두견새는 울게 해야 한다."라며 통일을 위한 구체적인 수단과 방법론에 몰입했음을 보여주고 있다.

이에야스는 "울지 않는 두견새는 울 때까지 기다려야 한다."며 이 모든 것을 넘어서는 인내와 시대의 성숙을 노래한 것이라 할 수 있다.

"은혜는 바위에 새기고 원한은 모래에 새겨라"라는 서양격언이 있다. 분노하며 원한을 마음에 품는 것은 내가 독을 마시고 남이 죽기를 바라는 것과 같다. 용서한다는 것은 마음에 담아두지 않는다는 것이다. 처음부터 기억하지 않는다는 것이다. 처음부터 아예 채우지 않으면 비울 것도 없다. 누군가 나에게 상처를 주었을 때는 그 사실을 모래에 적어서 용서의 바람이 불어와 그것을 쉽게 지워버릴 수 있도록 해야 한다. 그러나 누군가 나에게 좋은 일을 했을 때는 그 사실을 돌에 기록해야 한다. 그래야만 바람이 불어와도 영원히 지워지지 않을 테니까.

가장 두렵고 무서운 감정 분노는 인간이 가진 감정들 중에서 가장 무섭고 경계해야 될 감정이다. 분노의 감정에 한번 휩싸이면 머릿속은 온통 미움으로 가득차고 온몸에 힘이 다 빠져나갈 정도로 힘들고 괴로운 상태가 된다. 온통 obsession(집착, 강박관념)에 사로잡힌다. 분노는 분명 슬픔보다도 더 걷잡을 수 없고 고통의 도가니로 사람들을 끌고 간다. 분노를 통해서는 그 누구도 행복해질 수도 없다. 그렇기 때문에 징기스칸도 도쿠가와 이에야스도 분노가 일어날 때 아무것도 하지 말라 했고 분노를 적으로 알라 했다. 반면 모든 일에 감사함을 느끼면 삶이 기쁨으로 충만해진다. 마음에 원수를 새기면 괴로움이 되어 마음속에 깊은 뿌리를 남긴다. 반면 은혜를 마음속에 새기면 고마움이 남아 누구를 만나도 무엇을 해도 항상 즐겁다.

남을 용서하지 못하면 내가 죽는다. 남에게 상처를 준 사람을 용서하는 것은 정말 쉽지 않다. 하지만 용서를 하지 못하면 분노의 불길이 자신을 영원한 불멸의 고통 속으로 빠트린다. 자신의 일에 집중할 수 없고 증오와 분노의 노예가 되어 모든 삶의 에너지를 빼앗긴다. 결국 용서하는 길이 내가 사는 길임을 깨닫게 된다. 용서하지 못하면 상처를 잊을 수가 없다. 용서하지 못하면 증오와 집착에서 벗어 날 수 없다. 남을 용서하지 못하면 내가 죽는다. 용서하는 것이 내가 사는 것이다.

현대자동차에 근무하던 시절 모셨던 B전무는 화를 낼 줄 모르는 사람이었다. 영업을 총괄지휘하며 매일매일 들어오는 현안문제와 시시때때로 터지는 여러 유형의 사고들로 한시도 마음 편할 수가 없었던 위치였는데도 분노를 외부로 표출하는 것을 보지 못했다. 그는 새벽에 기상하면 하루도 빠짐없이 백팔 배를 하고 출근한다 했다. 백팔 배를 하면서 화를 다스리고 분노를 발생시키는 요소들을 비우는 것이다. 그의 방으로부터 큰 소리가 흘러나오는 것을 들어 보지 못했다. 항상 부드러운 목소리로 전화 통화하며 온화한 표정으로 직원과 고객을 맞는다. 영업맨으로 입사하여 사장까지 역임하고 퇴임한 입지전적인 인물이다.

화를 참지 못하고 표출하는 것은 원한과 증오를 불러일으키게 한다. 분노를 억제하지 못하고 행동하는 것은 일을 그르치게 해서 두고두고 후회할 일을 만든다.

머뭇거리지 말고 과감히 들이대라

나를 정말로 사랑하는 사람은 내가 쓰러졌을 때 웃거나 손가락질하며 흉을 보거나 비판하지 않는다. 나를 사랑하지도 않는 사람들의 눈치나 보며 해야 할 일이나, 하고 싶은 일에 머뭇거리며 주저한다면 나는 나의 삶을 사는 것이 아니라 나에게 관심조차 없는 사람들의 삶을 사는 것이다. 그들의 수군거림이나 조롱 무시가 두려워서 들이대지도 못한다면 주관 있는 자아의 삶을 포기한 것이다. 인생 조연으로 살다가 삶을 마감하는 것이요 자기 삶에 주인공 역할을 못한 채 자존감 없는 존재로 죽어가는 것이다.

들이대라…. 어차피 세상에 태어났으면 세상과 대면해야 된다. 용감하게 맞서라. 겸손은 하되 뒤로 빼거나 부끄러워하지 마라. 태어났다는 것은 세상으로 나왔음을 의미하는 것이니만큼 그 의미에 충실히 따르면 되는 것이다. 수치심으로 뒷걸음치지 말라. 누구나 실수는 하는 법이고 약점은 있다. 나의 약점을 노출하고 실수를 인정하면 되는 것이다. 오히려 남에게 더 사랑받을 수도 있다. 덤벼라 세상아…. 저돌적으로 살아라. 나의 약점은 약점대로 들어내고 용기를 내어 대담하게 맞서며 살아라. 남의 눈치나 보며 쓸데없는 겁에 질려 있다면 어떻게 나의 참모습을 보여줄 수 있겠는가!

사실 인생이라는 경기장에 들어설 때 맞닥뜨릴 가장 적나라한 비평가는 누구일까? 바로 자기 자신이다. 혼자 묻고 답하며 두려움과 패배의식 수치심에 젖어 고개를 푹 숙인 채, 어서 빨리 경기장에서 벗어나려 애를 쓴다. 하지만 대담하게 맞서며 들이대는 사람은 이렇게 되내이며 극복한다. 그래. 다리가 후들거리고 가슴은 뛰며 입이 마른다. 하늘이 노랗게 보인다. 그러나 나는 하찮은 사람들의 평가나 비난 인정 따위에 관심을 두며 사는 사람이 아니다. 내가 가장 소중히 여기는 가치를 위하여 내가 이 경기를 극복했듯이, 내 아들딸도 극복하기를 기도하며 돌진하는 것이다. 난 두려움과 수치심에 맞서는 사람이다.

머뭇거림, 수치심은 우리가 경험하는 감정들 중 가장 원초적인 것 중 하나이다. 수치심, 부끄러움을 경험하지 않는 사람은 없다. 열등의식도 모든 사람에게 어딘가에는 있다. 열등의식과 수치심을 경험해보지 않은 사람은 다른 사람과 공감하거나 인간적 유대감을 가진 경험이 없던 사람들일 것이다. 열등의식과 수치심을 감추려고 하면 할수록 이상하게도 독버섯처럼 자라 우리 삶을 더욱 움츠리게 한다. 이것을 감추고 완벽해지려고 하는 것은 건강한 성장과 거리가 멀다. 완벽해 보이려고 하는 것도 일종의 방어적 행동일 뿐이다. 모든 일을 완벽하게 처리한다는 것은 질책이나 나쁜 평가, 수치를 당하는 것을 피할 수 있다고 생각하는 것에 지나지 않는다. 어느 순간 완벽주의는 우리의 본래의 모습을 감추는 갑옷이 된다.

　완벽주의는 자기완성과는 다르다. 완벽주의의 속내는 인정받기 위한 안간힘에 불과하다. 완벽주의는 일에 대한 성과에 칭찬을 받고 자라지만 그 반면에 활력을 앗아간다. 모두를 만족시키고 항상 성과를 내고 완벽해지려면 남의 시선에 매달려야 하고 남들의 생각에 몰두해야 하며 끊임없이 자기 자신을 채찍질해야 한다. 완벽주의란 성공의 열쇠가 아니라 인간을 피폐하게 하는 요소이다. 우울증, 불안감, 중독 등과 같은 후유증도 가져다준다. 완벽이란 자기 파괴이다. 애초 달성 불가능한 목표이고 완벽이란 개념은 인간사에 존재할 수 없다. 완벽주의에 빠지면 완벽하게 보이고 행동하는데 더욱 집착하게 된다. 따라서 더 큰 불안감, 수치심, 자격지심에 시달린다. 이런 완벽주의에서 벗어나서 자유를 찾으려면 남들의 관점에서 나 자신으로의 의식 전환이 필요하다. 자기 자신에 대한 관대함, 자존심회복, 삶을 자기 자신의 이야기로 채우려는 노력과 용기가 필요하다. 나는 누구인가! 나의 존재가치는 무엇인가! 나의 진솔한 삶의 의미 등 근본적인 삶을 추구하며 인간의 불완전성을 이해하고 스스로 채근하지 말아야 한다. 자신의 불완전성, 결함, 부족함을 사랑하고 인정해야 한다. 자기 학대를 버리고 자기 자신에 대한 따뜻함과 이해심을 보내야 한다. 개인적인 부족함을 겪는 감정은 누구에게나 있게 마련이다. 부정적인 사고에 얽매이지 않도록 우리의 사고와 감정을 조절하는 노력이 필요하다. 자신은 오직 유일무이한 신의 창조물이라는 자존감을 갖고, 주인공이 되어 살아가겠다는 자신감에 충만해 있어야 한다. 남들로부터 본인의 자존감을 인정받으려는 노력은 주인공의 삶에서 조연의 삶으로 나를 추락시키는 일이다. 완벽주의 또한 완벽해지기 위해 자기 자신에게 채찍질을 가하다 온몸에 진이 다 빠질 수밖에 없다.- 틈이 있어야 볕이 든다.- 틈이 있어야 공기도 들어와 인간이 살 수 있다.

　사람들은 자기 자신을 어딘가에 소속시키려 안간힘을 쓴다. 소속감은 자신보다 더 큰 존재의 일부가 되고자 하는 인간 내면의 욕구인 원초적 갈망이다. 한 무리가 되어 참여하고 서로 소속원으로 인정하며 삶의 일정부분을 의지하고 공유한다. 그러나 이러한 소속감은 피상적일 뿐인 경우가 대부분이다. 자의든 타의든 무리에서 이탈한 순간 소속감은 사라지기 때문이다. 진정한 소속감을 느낄 수 있는 곳이 흔치 않기 때문이다. 반면 유대감은 서로 인정하고 가치를 존중하는 사람들 사이에 생성되는 에너지로 가족 및 친한 사람들과 유대감을 기르는 것이 우리 삶을 풍요롭고 진실 되게 한다. 조직이나 사회를 병들게 하고 황폐화시키는 요소 중에 은폐가 있다. 조직원이나 사회구성원들의 존엄성이 조직의 평판, 사회조직의 권력자를 보호하는 것보다 하위개념에 머물러 있다면 개인의 존엄성은 상실되고 돈과 힘이 중요해지며 조직원들의 삶은 황폐해진다. 기업, 대학, 정부, 교회, 시민단체 등 모든 조직에 적용되는 생리이다. 은폐 때문에 일어난 대형 사건들을 살펴보면 이런 사실들이 확인된다. 과감히 수치심을 떨어버리고 정면으로 대면해야 하는 이유이다. 보다 더 큰 가치를 가지고 자존심을 지키며 비난을 감수하고 머뭇거림에서 벗어나 맞서는 것 그것이야말로 자기 자신의 자존감을 높이는 일이요 조직을 혁신시키는 일이다. 창의성, 혁신, 창조적 역량은 스스로에 대한 자존감이 없으면 일어날 수가 없다. 조직의 구성원들이 열등의식과 수치심을 극복하고 자기 조직을 강하게 만들기 위해서는 다음과 같은 생각을 가져야 한다.

- 리더들은 조직원들이 도움과 지원을 받을 수 있도록 포용적인 마인드를 갖고 있어야 한다.
- 조직 내에서 열등의식, 수치심을 극복하기 위한 진솔한 대화가 가능토록 하고 맞서는 용기를 장려한다.
- 항상 성장과 포용을 촉진하는 방식으로 사안을 피드백한다.

진솔한 대화를 위해서는 서로 불편함을 감수해야 한다. 껄끄러운 대화가 편해지도록 노력해야만 한다는 것이다. 왜 우리가 서로 불편함을 느끼며 이렇게 마주하고 있는지, 그럼에도 자꾸 서로 노력해서 편해지려고 하는 의미가 무엇인지 이해해야 한다. 이런 과정을 거치면서 편안해지면 상호 불안감, 두려움, 수치심은 줄어든다.

영업에 있어서 생명은 '인간관계'다. 영업의 달인은 다음과 같은 말을 용기 있게 한다. "잘 모릅니다. 저의 실수입니다." 성공의 열쇠는 정직과 열린 마음이다. 영업의 달인도 끊임없이 경쟁력을 갖추려면 혁신해야 한다.

비전을 만들며 그 비전에 맞게 생활해야 한다. 성공하는 영업인은 인간관계에 기반을 둔 강력한 네트워크를 만든다.

인정받고 유능하고 똑똑한 임원이라고 해서 항상 이래라저래라 명령만 한다면 직원들로부터 경외 시 되어 적극적인 지원을 받지 못한다. 일반적인 지시는 직원들의 참여의식과 주인의식을 앗아가 피동적으로 만들 뿐이다. 목적의식을 갖고 자발적으로 최선을 다해 매진하는 환경을 조성하는 것이 임원의 역할이다. 통제는 그만 아웃이고 직원들의 취약함을 끌어안기 시작하라. 임원이기에 많은 부분 불편해야 하고 불편함을 감수해야 한다. 임원으로 일하며 불편하지 않다면 임원으로서 자신의 능력을 충분히 발휘하지 못하고 있다는 뜻이 된다. 불편한 일에 늘 서 있어야 일하는 임원이다. 왜냐하면 낯선 사람들 앞에 서는 것도 불편한 일이요, 현상유지의 기반을 뒤흔드는 혁신도 불편할 것이요, 직원들과 진솔한 대화를 이끄는 것도 불편한 일이요, 실패할 수도 있는 아이디어를 수용하는 일도 불편하기 때문이다.

　임원이나 관리자는 기여 욕구가 강렬하고 리스크를 감내하며 취약성을 끌어안고 용기를 내야 한다. 인간미를 내세우며 열정적으로 직원들과 어울리면서 곁을 지켜주고 배우기를 함께 해야 한다. 서로 존중하고 성장기회를 제공하여 주며 진솔하게 대화한다. 항상 뒤에 머물러 있지 말고 앞으로 나서며 대담하게 맞선다. 과감히 들이대는 것이 언제나 성공하는 것은 아니다. 무모함이 머뭇거림보다, 두려움이 용기보다 더 낫다는 것을 일깨울 뿐이다.

　열등의식, 수치심이 만연한 세상에 햄릿형 인간이 너무 많아져 의욕마저 없어질 위험에 와있다. 물론 심사숙고하여 명석한 판단으로 행해지는 일은 실패할 확률도 낮아 바람직한 일이겠지만 너무 오랜 기간 심사숙고하다 보면 때를 놓치고 아까운 시간낭비가 심함을 경계하는 것이다. 시간이 흘러 그때 용기를 내 당당히 시도했으면 어떠했을까, 아쉬워하며 후회한들 벌써 강물은 바다로 흘러갔다. 루스벨트 대통령은 "실수와 결점이 없는 노력은 없는 법이며 취약성 없는 승리 역시 없는 법이다. 그러니 감히 멋지게 뛰어들어라."고 했다. 매사 안 해 본 후회보다 해 본 후회가 더 바람직한 것이다. 왜냐하면 해 본 일에 성공이든 실패든 있는 것이지 시작도 안 해 본 일에는 성공도 실패도 없기 때문이다. 성공은 성공의 의미가 있고 실패는 또 다른 성공을 불러올 과정이기 때문이다.

헤르만 헤세의 데미안에서

새는 알에서 나오려고 투쟁한다.

알은 세계이다.

태어나려는 자는 하나의 세계를 깨뜨려야 한다.

새는 신에게로 날아간다.

아무리 시대가 변한다 한들

그 누구도 근본에서 피해갈 수 없는 한 시절의 아픈 방황과 고민을

겪는다.

껍질을 깨 벗어나는 과정이 고통스러운 투쟁이다.

나에게는 평온, 안락, 행운이라고는 없다.

오직 더 나은 길로 향한 고통, 고뇌, 투쟁만 있어 왔다.

때로는 원망의 눈물도 지지리 재수 없는 놈이라고 한탄도 했었지

만, 이 차디찬 세상에서 조그마한 내 뇌가 바스라지도록, 내 근육이 으깨지도록, 내 뼈가 산산 조각나도록 몸부림치며 이 현실의 알에서 벗어나보려 했다.

나는 많은 사람들 아니 모든 사람들이 이상을 위해 죽는 것이 가능하다는 것을 알았다. 다만 그것은 개인적 이상, 자유로운 이상, 선택한 이상이 아니었다. 그것은 떠맡겨진 공동의 이상이었다.

난 내가 선택한 이상을 향해 죽음의 문턱까지 알에서 나오려는 투쟁을 계속하련다. 내 몸이 더 깨지고 으깨지더라도 멈추지 않으리.

이름 없이 죽어가는 영혼들
산다는 것은 그냥 사는 것
건강한 삶
인생 오르막 그리고 내리막
좌절 실패 눈물 슬픔
한없는 번민의 뒤안길로
쓸쓸히 사라지며
그래도 인생은 도전하는 자의 몫

덧없이 가는 세월
주름과 세치가 연륜을 말해도
마음 속 모진 끈
그 끈 놓지 못하네

끝을 가늠할 수 없는 삶과
기약할 수 없는 죽음 사이에서

인문학 마케팅

바둥바둥 잡고 있는 썩어가는 그 끈
어제 죽어간 이가 그리도 갈망했던 오늘이었고
내일 죽어갈 그이는 또 다른 내일이 있을 줄 알았건만

어느 날 갑자기 그 끈이 허무로 바뀌며
꺼억꺼억 숨넘어가는 소리

이제야 세상이 보이네
그 끈 놓아 버리네
아름다운 죽음이여
끊어진 모진 끈이여
영원한 안식처의 평온함이
이름 없이 죽어간 영혼들을
따뜻하게 감싸네

포기하지 말거라

느낌 그대로

있는 그대로

사실 그대로

그렇게 해야만 너의 마음을 움직일 수 있다

나보다 너는 더 민감하기에

가식 형식

겉치레는

말 그대로 그럴 뿐이다

곧바로 너에게 투영되지 못하여

마음을 움직이지 못하노니

그저 진실, 진실 속에 살아라.

때때로 잘못 되더라도

네가 터벅터벅 걷는 길이 오르막이더라도

세상을 속이고 싶어질 때
그래도 진실 되게 살아라!
지금은 부족하고 빚은 늘어나더라도
근심이 그대를 짓누르더라도
한숨만 새어 나오더라도
미소를 지으며 진실 되게 걸어라!
정말 이제는 끝이 안 보여
모든 것 내려놓고 싶을 때
그래
필요하다면 쉬어가라
하지만 포기는 하지마라
한 발자국 더 움직여
네가 밟고 넘어진 그 돌부리 밑에
행운과 성공이 감추어져 있다

아버지가 아들에게 말하고픈 삶의 자세

부자지간 따로 시간 내서 대화하기는 어렵다. 가장 쉽고 자연스럽게 마주할 수 있을 때가 아침, 저녁 식사시간이다. 그때 아버지는 아들에게 농축된 말을 한마디 던진다. 툭툭 던지는 한마디 한마디가 낙수가 바위를 뚫듯 아들에게 영향을 주는 것이다. 흔히 밥상머리 교육이라 한다. 우리 아버지들은 자상한 말로 우리를 교육시키지 않았다.

무언의 헛기침으로, 눈동자로, 표정으로 우리를 교육시켰다. 아버지가 안 계신 지금 우리들은 아버지의 그 모습을 그리워한다. 집안에 갈등이 있을 때는 말씀은 없으셨지만 헛기침 한방으로 모든 것을 잠재웠던 그 권위를 그리워한다. 아들, 딸이 잘못하고서도 용서나 반성은커녕 자기 합리화를 하며 억지 부릴 때 아버지의 그 위엄이 그리워진다. 아이들 키울 때 냉장고에 맥아더 장군의 아들을 위한 기도문을 붙여놓았었다.

제 아이를 이런 사람으로 자라게 하소서

오 주여!

약할 때 자기 자신을 잘 분별할 수 있는 강한 힘과

무서울 때 자신을 잃지 않을 담대성을 가지고

정직한 패배에 부끄러워하지 않고 태연하며

승리에 겸손하고 온유한 아들을 나에게 주시옵소서.

실행의 탑을 쌓지 않고 공상만 하는 자 되지 말게 하시고

먼저 주를 알고 자기 자신을 아는 것이

지식의 기초임을 아는 아들을 나에게 허락하소서.

바라옵건대 그를 쉬움과 안락의 길로 인도하지 마시고

곤란과 도전에 대하여 분투 항거할 줄 알도록 인도하여 주소서.

그리하여 폭풍 속에서 용감히 싸울 줄 알고

패자를 불쌍히 여길 줄 알도록 가르쳐 주시옵소서.

그 마음이 깨끗하고 그 목표가 높은 아들

남을 다스리려고 하기 전에 먼저 자기 자신을 다스리게 하시며 미래를 바라보는 동시에 과거를 잊지 않는 아들을 나에게 주시옵소서.

이것을 다 주신 다음 이에 더하여 유머를 알게 하시어 인생을 엄숙히 살아가면서도 삶을 즐길 줄 알게 하시고 자기 자신을 너무 드러내지 않고 겸손한 마음을 갖게 하소서.

그리하여 참으로 위대한 것은 소박한데 있다는 것과 참된 힘은 온유함에 있다는 것을 항상 명심토록 하소서.

그리하여 그의 아비인 저는 헛된 인생을 살지 않았노라고 나직이 말할 수 있게 하소서.

나의 기도이기도 했지만 아들, 딸들도 매일 보며 느끼라는 의미도 있었다.

아들에게 자주한 말이다. 목표를 가져라. 꿈을 꾸거라. 세상은 꿈 꾼 대로 이루어진다고 하기 쉬운 말이라고 아들에게 쉽게 했고 여러 번 보낸 편지에도 썼다.

이제는 나 자신을 뒤돌아보며 남의 얘기를 들려준다. 자식에게 최고의 유산은 돈도 명예도 지위도 아니다. 돈을 물려준다고 모두 지킬 수 없다. 명예를 물려준다고 자식마저 명예로울 수는 없다. 오히려 부모의 돈 명예 지위가 자식에게 더 큰 굴레와 짐이 될 수도 있다. 진정으로 물려주어야 하는 최고의 유산은 바르게 잘 사는 방법 그 자체다. 사는 방법을 제대로 물려주면 한 가정을 제대로 건사할 수 있다.

지금 이 순간은 평생을 통해 두 번 다시 만날 수 없는 시간이다. 지금 이 순간을 어떻게 살아가는가 하는 것이 너의 일생을 결정한다. 노력 없이 되는 것은 없다. 작은 불씨가 거대한 산을 태우듯 세상의 모든 일은 작은 것부터 시작된다. 작은 일을 잘해야 큰일도 잘한다.

자나 깨나 언행은 부드럽게 실천은 단호하게 하라. '할 수 없다.' 라는 말은 안 해본 사람의 변명이다.

징키스칸은 후손들에게 남기는 글에서

"가난하다고 탓하지 마라. 나는 들쥐를 잡아먹으며 연명하였다. 작은 나라에서 태어났다고 말하지 마라. 나의 병사들은 적들의 1/10, 1/100에 불과했지만 세계를 정복했다.

배운 게 없다고 탓하지 마라. 나는 내 이름도 쓸 줄 몰랐지만 남의 말에 귀 기울이면서 현명해지는 법을 배웠다.

너무 막막해 포기해야겠다고 말하지 말라. 나는 목에 칼을 쓰고도 탈출했고, 얼굴에 화살을 맞고도 도망쳐 살았다." 며 안주하지 말 것과 포기하지 말 것을 강조했다. 아들이 꼭 마음에 새겼으면 하는 말이다.

최근에 911테러 이후 재난구조를 잘해서 미국의 영웅으로 떠오른 루돌프 줄리아나 뉴욕시장은 무명의 복서로 매 맞아 번 돈으로 그를 가르쳤던 아버지의 진솔한 가르침이 나를 있게 하였다고 말하였다. 아버지는 얻어맞을수록 침착하라고 가르쳤고 결혼식 참석은 선택이지만 장례식 참석은 필수라는 등 삶에서 나온 그대로를 가식 없이, 일상의 삶에서 아들에게 전했다.

테러가 발생했을 때 그는 안전모를 쓰고 활용 가능한 모든 미디어를 동원하여 시민을 안심시켰다. 대피계획을 확립하였고 부상자, 사상자들을 위한 구호활동을 체계적으로 일사분란하게 하였다. 또한 앞서서 다음 상황에 대비하였다. 그 주도면밀한 대응에 뉴욕 타임즈는 그를 올해의 인물로 선정했고 영국의 엘리자베스 여왕은 그에게 기사작위를 수여했다.

다산 정약용은 아들에게 쓴 편지에서 꽉 쥐면 쥘수록 더욱 미끄러운 게 재물이니 재물이야말로 메기 같은 물고기라며 그것에 집착하지 말 것을 당부하였다. 죽음에 임박해서 '근, 검' 두 글자를 남기며 좋은 밭이나 기름진 땅보다도 나은 것이요, 일생동안 써도 다 닳지 않을 것이라고 하였다.

근면함은 현대그룹 정주영 회장의 신조였다. 한겨울 새벽 6시는 깜깜하고 거의 모든 아파트나 사무실의 불이 꺼져있을 시간이다. 그는 비가 오나, 눈보라가 치거나 그 시간이면 사무실에 도착했다.

현대자동차의 정몽구 회장이나, 아들 정의선 부회장 역시 국내에 있을 때면 양재동 본사에 새벽 그 시간 때면 어김없이 출근한다. 3대에 걸친 근면 상속이라 할 수 있겠다.

중국 남북조시대 수나라 사람 안지추가 지은 '안씨가훈'에는 자식의 후환은 부모가 만든다하여 자식교육에는 관대함과 엄격함이 조화를 이루도록 해야 한다 하였다. 말과 욕심을 삼가며 이득이 있는 곳에 위험도 함께 있다 하여 신중한 처신을 당부했다.

부불삼대부자 3대 못 간다 라지만 경주 최 부자집은 12대 400여 년간 명예와 부를 지키고 있다. 권력의 부침과 허망함을 경계하였고, 과한 욕심은 화를 부른다는 것을 알았기 때문에 가능하였다. 주변에 인심을 후하게 쌓았으며 덕을 베푼 결과였다.

최부잣집 가훈에 잘 나타나 있다.

- 과거를 보되 진사 이상은 하지마라
- 재산은 만석 이상 모으지 마라
- 과객은 후하게 대접하라
- 흉년에 남의 논밭을 사지 마라
- 사방 100리 안에 굶어 죽는 사람이 없게 하라는 등 400여 년을 지탱해온 근거가 되는 가훈이다.

아들아 인생이라는 사막을, 꿈의 나침반을 들고 열정의 갑옷을 입고, 용맹의 칼을 휘두르며, 좌절과 포기라는 적을 무찌르면서, 내 몸에 피가 흐를지라도, 땀으로 온몸이 범벅이 될지라도 건너가거라.

내가 주저앉아 포기하려고 하는 그곳 바로 한 발자국 앞에 성공의 오아시스가 있다.

또 다른 길을 향한 다짐

부모님 산소를 향해 차는 빠른 속도로 내달리고 있었다.

겨울의 해는 짧아 어느덧 차장 너머에는 어둠이 깔리고 있었고 휙 휙 스쳐 지나가는 들판과 야산에는 아직 녹지 않은 눈이 흰빛을 발 하고 있었다.

한 해가 저무는 12월 달리는 차 안으로 한겨울의 스산한 바람소리 가 몰아쳤다. 그 소리가 나의 가슴을 조여 와 숨이 막힐 것 같아 창 문을 조금 연다. 바람소리가 세차다. 이내 창문을 닫는다.

정리할 시간도 없었고 그래서 정리되지 않은 삶, 그냥 무작정 앞만 보고 달린 인생, 그런 인생의 여정이었기에 당장 내일부터 출근할 데 가 없어졌다는 데에 머리가 멍할 뿐이고 가슴이 답답할 따름이다. 어 느덧 차는 어둠 속으로 어둠 속으로 내달린다. 이내 고속도로를 벗어 나 국도를 달리며 꼬불거리는 길에 내 몸을 맡긴다. 차와 같이 내 몸 도 흔들리고 모든 게 어지럽다. 그 까짓것 나가서 뭐든 하면 되지. 그런데 막상 내 앞에 현실로 닥치니 막연함, 외로움이 몰려온다. 망망대해에 홀로 선 듯한 두려움, 고독이 몰려온다. 밖에는 세찬 바람과 함께 눈보라가 치고 있었다. 저 눈보라 치는 벌판에 어둠을 방패삼아 홀로 서 있고 싶었다.

그렇게 해서라도 밀려오는 외로움과 두려움을 맞서서 답답함에서 벗어나고 싶었다. 저 멀리 희미한 불빛 몇 개 보이는 시골마을에서 개 짓는 소리가 들렸다. 조금만 더 가면 부모님 산소가 나온다. 삼거리에 가게가 있다. 차를 세우게 하고 소주와 명태포를 샀다. 저만치 부모님 산소가 어슴푸레 나타난다. 차에서 내리니 세찬 찬바람이 귀와 볼을 시리게 한다. 코트 깃을 세우고 소주와 명태포가 들은 비닐 백을 챙겨 부모님 산소로 올라갔다.

꽁꽁 언 땅에 무릎을 꿇고 잔을 올린다.

눈물이 안경으로 흘러 앞이 뿌옇다. 두 배씩 절을 올리고 하염없이 흐르는 눈물을 훔치며 부모님께 넋두리를 늘어놓는다.

아버님 어머님 기대에 못 미쳐 죄송합니다. 우리 육남매에 더 큰 언덕이 되어주지 못해 송구스럽습니다. 흐르는 눈물과 콧물이 볼과 턱을 시리게 한다.

나의 목소리는 껌껌한 산속으로 묻혀 버려 무슨 말인지 알아들을 수 없다.

세차게 얼굴을 때리는 동짓달 밤바람에 꽁꽁 얼어 얼얼한 볼을 쓰다듬으며 떼어지지 않는 발걸음을 돌려 내려온다.

아버님, 어머님. 또 다른 삶을 살겠습니다.

열심히 다른 길을 걸어 성공하겠습니다. 포기하지 않겠습니다.

부모님께 약속하며 나를 추스르고 다잡으며 부모님 산소를 내려오던 그날 그 겨울밤. 찬바람은 왜 그리 세차게 불던지.

나는 그때 1년에 1권씩 꼭 책을 쓰기로 했다. 내가 하고 싶은 나의 일을 해보기로 했다. 더 이상 나를 비참하게 만들고 싶지 않았다.

자존감! 올곧고 자존심 강한 내 성격상 거의 30년 회사인간으로 살았으면 그것으로 장하고 족했다.

프랑스 시인 비닉는 '늑대의 죽음' 이라는 시에서

한탄하는 것이나, 울며 슬퍼하는 것이나, 기도하는 것이나 다 비겁한 일

그대의 길고도 무거운 과업을 힘차게 다하라.

운명이 그대를 끌어넣은 인생의 나그네 길에서

그리고 괴로워하며 죽으려무나. 나와 같이 묵묵한 태도로

이렇게 노래했다.

아비의 노릇을 다하며 적으로부터 새끼들의 생명을 지키려 했던 아비늑대의 마지막과 같이 온 몸으로 나의 임무를 다하며 죽을 힘 다해 살면 된다

인문학 마케팅

초판 1쇄 2014년 07월 02일

지은이 정봉기
발행인 김재홍
책임편집 박보라
마케팅 이연실

발행처 도서출판 지식공감
등록번호 제396-2012-000018호
주소 경기도 고양시 일산동구 견달산로225번길 112
전화 031-901-9300
팩스 031-902-0089
홈페이지 www.bookdaum.com

가격 14,000원
ISBN 979-11-5622-035-0 03320

CIP제어번호 CIP2014019096
이 도서의 국립중앙도서관 출판시 도서목록(CIP)은 e-CIP 홈페이지(http://www.nl.go.kr/ecip)에서 이용하실 수 있습니다.